進化する里山資本主義

藻谷浩介 監修
Japan Times Satoyama 推進コンソーシアム 編

the japan times 出版

はじめに

金銭的利益最優先の「マネー資本主義」のアンチテーゼとして「里山資本主義」が生まれてから7年。この「里山資本主義」は、地域エコノミストの藻谷浩介さんとNHK広島取材班の井上恭介さんたちが提唱した概念です。彼らは、当時、中国地方のあちこちで始まっていた地域循環型の経済活動を取材して番組化したのち、『里山資本主義　日本経済は「安心の原理」で動く』（角川ｏｎｅテーマ21）という書籍にまとめました。

折しも私は、家業の手伝いで東京と広島を往復するようになっていました。東京だけが日本じゃない。東京での生活が豊かな暮らしとは限らない。――東京で暮らして30年近くがすぎ、うすうすこの事実に気がつき始めていたころです。そんなときに偶然にも、藻谷さんと井上さんとのご縁をいただき、お二人の考えに深く共感し、多くの人と共有したいと思いました。

その後、有志で集まって『里山資本主義』に登場する実践者の方々を訪ねるスタディツアーを企画したり、東京で勉強会を開催したりしていましたが、現場の方々のお話を聞くうちに、地域で暮らす人たちが地元のさまざまな未活用資源を生かして、域内で経済を回す取り組みは、日本が今後、持続可能な社会を築いていくうえで重要な鍵になる、という実感がわいてきたのです。

２０１７年に英字新聞社ジャパンタイムズの経営に携わることになった私は、同社のＣＳＶ活動の一環として「Satoyama 推進コンソーシアム」を立ち上げました（２０１８年1月発足）。国内の実践者を支援するだけでなく、里山資本主義的な活動を日本発の地域活性化、地方創生の取り組みとして The Japan Times という国際的なメディアで伝えることが、グローバルに真の「豊かさ」を実現する助けになると考えたからです。

そして、Japan Times Satoyama 推進コンソーシアムの発足から2年がたった今、これからの実践者にとってよすがとなるような記録と考察を残したいという思いのもとにスタートしたのが本書のプロジェクトです。

本書では、私たちが応援してきた里山資本主義の実践者たちへの取材をもとに、各地で里山資本主義の種がまかれ、芽が出て、花が咲き始める様子を描きながら、そこにあった「成功要因」の分析を試みました。お金に依存せず人とのつながりを大切にした生活、消滅の危機さえささやかれる地方の再生を志す方々には、課題解決の糸口を見いだすためのヒントあるいはガイドとしてもお読みいただけますが、本書は、そこにとどまらず、日々のニュースからは見えてこない日本の経済と社会のありように深く切り込み、日本ひいては世界が歩むべき道を明らかにします。

第1章は、本書の監修者でもある藻谷浩介さんに書き下ろしていただきました。里山資本主義をあらためて定義するとともに、現在の日本が抱える、「エネルギー」と「ヒト」の循環再生の問題を浮き彫りにし、それらに対する解決策を里山資本主義の視点から提示しています。東京あるいは大都市一辺倒の思考から離れて地域に目を向ければ、都会では得ることのできない、あるいは気づきもしない、体験やつながりが実感できる、魅力的で安心できる暮らしがある、という強いメッセージが感じられます。

第2章では、山口県周防大島の20年間にフォーカスを当てました。里山資本主義の聖地として国内外からの視察者も含め、多くの「関係人口」を抱えている周防大島。そこでの人々の取り組みとそれに伴う変化を時間軸に沿って追いかけることで、地域再生におけるさまざまな課題や成功の要因を体系的に解説します。

第3章では、里山資本主義の発展をさまざまな形で助けている「プラットフォーム」について分析します。「プラットフォーム」とは、人や事業どうしを結びつける場や環境をつくって、里山資本主義的な暮らしを後押しする機能や組織のことです。そうしたプラットフォームが成長してきた背景にはインフラとしてのインターネットの普及がありました。

第4章では、前横須賀市長であり当コンソーシアム事務局長である吉田雄人さんが、自治体における地方創生に関する取り組みと課題を分析・解説しています。「地方創生」という言葉は『里山資本主義』が出版された翌年の2014年に登場しましたが、地域に軸足を置いた地方創生の取り組みは1980年代にまでさかのぼることができます。

第5章では、実践者として日本各地で活躍している方々を紹介しています。日本という狭い国土の中で、地域に脈々と受け継がれてきた〝生きる知恵〟。地元出身者だけでなく、さまざまな縁でそこに関わるようになった方々に、その土地の知恵や魅力を再発見し、地域を活性化させていった挑戦の軌跡を公開していただきました。

そして、本書を締めくくるのは、藻谷浩介さんと御立尚資さんの対談です。里山資本主義対マネー資本主義、都会対地方といった二項対立に終わらせずに、里山資本主義をどのように進化させていくべきか、お二人それぞれが見てきた世界と、いま感じている新しい社会の姿について語っていただきました。

東京=日本というような構図で画一的に処理された情報を一方的に受け取ることが多かった地方は、地元の資源や地縁などの価値をしっかりと見つめ、発信することが不足していました。この背景にあるのは、マスメディアの一極集中でした。しかし、インターネットというインフラが整った今、地域で活躍している人たち一人ひとりが発信し、共感を得たり、影響を与えたりすることが可能になりました。第3章でも取り上げられているように、そうしたインターネットの機能が里山資本主義の発展に大きく貢献したことに疑いはありません。その意味で本書は、マスメディアの時代からインターネットの時代へと移り変わっていく21世紀の最初の20年の日本の風景を描いたものとも言えるでしょう。

最後になりましたが、本書のために取材を受けてくださった方々、資料を提供してくださった方々にお礼を申し上げます。ありがとうございました。毎日、お天道さまと向き合い、里山里海を守っている皆さんの力になって、豊かな自然と社会を次世代に残すべく、当コンソーシアムの活動を続けていきたいと思っています。

２０２０年４月

Japan Times Satoyama 推進コンソーシアム代表
末松弥奈子

進化する里山資本主義　目次

なぜ周防大島に注目が集まるのか／地域で経済をまわす「瀬戸内ジャムズガーデン」という革命／25年後の日本の高齢化状況／20年かけて変化を続けている周防大島／周防大島をどうとらえ、どう活かすか／「孫」から「長老」への働きかけが大きな変化を生む／「次世代」の若い人たちに伝えていること／Uターンのさきがけとなった人たちの存在／「胎動期」（2001年から2005年）／情報発信を続けながら活性化を軌道に乗せる／「育成期」（2006年から2010年）／大きな成長への萌芽が見える／「成長期」（2011年から2015年）／「嫁ターン」が果たす大きな役割／「成長期」から大ブレイクへ／「成熟期」（2016年から現在）／人と情報が集まる「いいカフェ」が重要／どうやって地域に入っていくか／Uターンした人たちがキーになる／地域と移住者をつなげる人たちとは？／周防大島の20年から見えてきたもの

第3章

人と地域と事業をつなぐ「プラットフォーム」

NPO法人ETIC.

里山資本主義的な生活のハードルが低くなった／都市と地方をつなぐNPOの取り組み／情報が地域と人を結びつける／地域の足元にある価値と魅力を伝える／

課題解決のための実践とは／サイクリングで一点突破した広島県尾道市の実践／広島県福山市のばらを通じたまちづくり／茨城県つくば市のＳＤＧｓへの取り組み／「危機感」「自分ごと化」「官民連携」が要

第5章 フロントランナーとして注目される実践者たち

第6章
対談　里山資本主義の新たな可能性

執筆協力／小山晃
編集協力／株式会社創造社（笠原仁子）
装丁／小口翔平＋加瀬梓（tobufune）
装画／松尾たいこ
本文デザイン＋ＤＴＰ／石山沙蘭
写真／横山智和（第6章）
右記以外は本文中に記載

第1章

「里山資本主義」の目指す世界

藻谷浩介

2013年に発刊された、NHK広島取材班と筆者の共著『里山資本主義　日本経済は「安心の原理」で動く』（角川oneテーマ21）は、その後3年のうちに、発行部数40万部のベストセラーとなった。折しも世の中の建前が、「お金に換算した成長をもう一度」という方向にどんどんと傾いていった時期である。そんなご時勢に逆らうがごとく、「お金に換算できない価値を見直そう」と地味なことを唱えたこの本は、本音ベースで一部の人の心をとらえたのかもしれない。

「里山資本主義」という言葉自体は、NHK広島放送局のディレクターたちが、広島県内の過疎地で、里山を活用し楽しく暮らしている人たちと触れ合う中から、直感的に思いついた語だ。

筆者は彼らの制作したローカル番組にナビゲータとして出演していたのだが、アドリブでコメントをしている際に、画用紙にマジックの殴り書きで、「ここで、里山資本主義を解説！」というような指示が出る。「あなたが直感で考えた定義不明の言葉を、いきなりカメラの前で解説しろなんて、無茶だな」と思いながら話していたが、後々になって本を書いて頭を整理し、さらにその演題で講演して歩いているうちに、「里山資本主義」

というのは実に的確な概念であったというように、だんだんに気づき、考えが固まっていった。先に言葉があり、後で理解が追いついてきたわけだ。

里山資本主義とは何か

「里山」とは、農山漁村集落の周辺にあって、人が例えば薪や山菜を採りに、日常的に立ち入ってきた樹林帯のことだ。反対語は人の立ち入らない「奥山」である。里山では人と自然が多年にわたって共生しながら、循環再生が継続的に行われてきた。そのために奥山に比べて、かえって生物多様性が増している（生息している生物の種類が多い）という。

では、そのような生態学用語としての「里山」を冠した、「里山資本主義」とは何か。「里山で営まれる資本主義」だと解釈もできるし、事実テレビ番組収録当時にはそういう解釈だったのだが、今となってはもう少し広げて考えてほしい。

筆者が現在考えている里山資本主義とは、農山漁村に限らず都会でもどこでも実現できる、〝里山〟的な資本主義のことだ。「多様なものが共生し、循環再生が健全になされているような社会」を支える経済思想である。「ヒト・モノ・カネ・情報が、使い潰されず、淀まずに、循環し再生され、次世代に続いていく社会」を目指す主義、と言い換えてもよい。

里山資本主義も資本主義なので、当然ながらお金を稼いで使うことを基本にしている。だが、金銭換算できない価値も、お金と同等以上に大事にする。お金で等価交換するだけでなく、自給、物々交換、恩送り（＝見返りを期待せずに他人にあげてしまうこと）といったお金を用いない手法を、バランスよく使い分ける。恩送りはもちろんだが、物々交換の際にも、「等価交換でなければ損をする」というようなことは気にしない。ましてや「お金をたくさん貯めているほど偉い」とはまったく考えない。里山資本主義ではお金は、自給や物々交換と同様に必要に応じて使う手段の1つであって、評価指標ではないのである。

ところで里山資本主義には、この言葉ができた当時から反対語がある。「マネー資本主義」だ。これは、「各人がお金儲けだけを求めて邁進すれば、神の見えざる手が働いて均衡が達成され、資源が最適配分される」という新興宗教を奉ずる経済体制である。

歴史を遡《さかのぼ》れば、お金に裁定力を見出した元祖は、18世紀後半に『国富論』を著したアダム・スミスである。同著は、「経済に参加する各人の自己利潤の追求は、一定の条件が揃えば、資源の最適配分状態をもたらし効用を最大化することがあり得る」と指摘した。だが彼は、絶対的な原理を唱えたのではなく、1つの理想的な可能性を示したに過ぎない。そうしたアダム・スミスの発想と、同じく1つの理想的な可能性を話している里山資本主義との間には、本来は矛盾も衝突もない。

ところが時代が下る中でいつのまにか、「あり得る」が「それしかあり得ない」に入れ替わってしまった。「各人の自己利潤の追求は資源の最適配分をもたらす唯一の道なのであり、各々は自分の儲けの拡大のみに専念すべきであって、他に余計なことをすべきではない」という、根拠不明の教義が成立してしまったのである。これを信じ込めば、お金は万事を裁定する力を持つ神のような存在に見えてくる。他方で、自給、物々交換、恩送りなどお金を用いない手法も重要視する里山資本主義は、むしろ世の資源の最適配分を妨げる邪教にすら見えてしまう。

もちろん実際の社会は、マネー資本主義者が考えるほど単純ではない。里山の生物多様性が周辺の住人の日々の細やかな配慮に支えられているのと同じく、ヒト・モノ・カネ・情報の安定的な循環・再生も、お金儲け以外にもやりがいだとか、職人気質だとか、客・自分・世間の3つに対等に配慮する「三方良しの精神」だとか、環境や子孫への思いだとかいった、さまざまな動機が総合的に作用する中で図られていくのである。経済成長さえ達成できれば、デフレ(=カネの循環の不全)や少子化(=ヒトの再生の失敗)、地球環境問題(=大気中の二酸化炭素の一方的な増加=モノの循環の不全)といった問題までもが自然に解消されるわけではまったくない。アダム・スミスはそんなことは一言も言っていなかったのだ。

だが困ったことにマネー資本主義者には、何でもお金の流れで説明した気分になってしまう傾向がある。誰かがお金以外の動機でいろいろなことをした結果として、社会がうまく治まっている場合にまで、「それはお金という絶対神の御働きによるものなのだ」と、事後的にこじつけてしまいがちなのだ。さらには、「お金ですべてが解決できる」と信じ込むことにより安心を得ている裏返しとして、「お金で解決できない問題に関しては、その存在自体を無視する」という態度になってしまいがちでもある。少子化に向き合わず事態を悪化させてしまっている日本の経済界や、地球温暖化を否定する米国のトランプ大統領とその支持者などが、その典型に当たる。

さらに言えばマネー資本主義者は、「お金をたくさん持っている人ほど偉い」と信じているために、稼いだお金を消費せずに年々貯め込もうとする傾向があり、これが里山資本主義の目指すような「ヒト・モノ・カネ・情報」の中の「カネ」の循環を妨げて、需要不足を生む原因ともなっている。

人々が100％お金だけに頼って生活し、金額だけを評価基準にして動いている社会は、料理にたとえれば、肉とか魚だけで野菜の入っていないカレーライスのようなものだ。カロリーとタンパク質は摂れるが、まったくおいしくない上に、ビタミンや食物繊維を含まないので健康にもよくない。これに対して里山資本主義とは、肉や魚だけでなく野菜やキノコにお米、場合によってはこんにゃくも入った、きりたんぽ鍋のようなものである。

肉や魚を入れずに菜食主義で暮らそう（＝お金を使わずに自給自足しよう）などとは言わない。そもそもお金をまったく使わないようでは、資本主義ではない。だが、「お金だけ」ではかえって社会が壊れる。物々交換はもちろん、自給や恩送りを組み合わせることで、世の中はかえって健全になりますよと考え実践するのが里山資本主義だ。

カロリーやタンパク質だけでなく、ビタミン、ミネラル、食物繊維も入っている食べ物を、人間は本能的においしいと感じる。同じように、お金だけが基準になっているのではない、お金以外の要素も大事にされる社会を、人は居心地がいいと感じるのである。

循環再生できない輸入燃料に頼る日本

里山資本主義とは、「ヒト・モノ・カネ・情報が、使い潰されず、淀まずに、循環し再生され、次世代に続いていく社会」を目指す主義だと述べた。そのような主義に立って日本の現状を見るとき、まず気づく問題は、日本人の使っているエネルギーが、再生不可能な化石燃料や核燃料に全面的に依存しているということだろう。しかも化石燃料も核燃料も、原材料は外国からお金で買うしかない。化石燃料だけに依存した日本は、お金だけに依存した日本でもある。

ここでそもそも論になるが、エネルギーは、生物の一種である人類の生存の基本条件だ。人間以外の哺乳類は毛皮を持っているので、食べ物があれば生きていけるが、人間には毛皮がないので、服と住まいも必要である。その住まいも冷暖房しないと、多くの季節にはつらい。食に関しても、火というエネルギーを使って調理したものを食べるという生活様式を、人類は何十万年も前の原人時代から続けている。

そのような人類の歴史は、エネルギー源と人口の変化に着目することで、3段階に区分けできる。①狩猟採集期→②農業期→③化石燃料期だ。

他のすべての動物同様に、狩猟ないし採集した他の生物体からカロリーを摂取してきた人類は（①）、農業（および造林を伴う林業）を発明することで、大地に降り注ぐ太陽エネルギーを、農作物や畜産物や林産物の体内に、より効率的に固定化し享受することができるようになった（②）。里山地帯の隅々にまで開墾されてきた田畑や人工林は、1カロリーでも多くの太陽エネルギーを受け止めて固定化しようとした先人の、血と汗の結晶である。

だが化石燃料の利用の普及は、地面を使わずとも膨大なカロリーを享受することを可能にした（③）。化石燃料とは、何億年も前に地球に降り注いでいた太陽エネルギーが、当時の植物の中に蓄積された末に、地殻変動の中で変成し濃縮されたもので、エネルギー密度が格段に高い。その利用を始めたことで、人口は激増することとなった。日本列島で見れば、①狩猟採集期の人口は30万人程度、②農業期の頂点だった江戸時代後半には3千万人強、そして③の化石燃料利用が頂点を極めた平成末期は1億3千万人弱である。人類を増やすという点で、化石燃料ほど役立ったものはかつてなかった。

そのような化石燃料の利用にも、その進展には3つの段階がある。第一は（人間および動物の）足や腕の代替（動力革命）、第二は指や目や耳の代替（ロボティックス）、そして第三が脳の代替だ（人工知能＝ＡＩ）。現在は、日本を先頭にロボティックスの普及が進み、さらにＡＩが実用化されようとしている段階である。

最後の段階だけを取り出して情報革命だとかＩｏＴ革命だとか呼び、これが化石燃料期に次ぐ新たな期の到来だと騒ぐ向きもあるが、これは位相（ディメンジョン）に混乱のある議論の典型だ。そもそも上記①②③は、生物としての人間がエネルギー（カロリー）を得る手法の革新に着目して分類されているのであるのだから、それに続く新たな時代があるとするならば、エネルギーを基準にしたものでなければおかしい。「情報革命」は、エネルギーの使い方についての革新の1つに過ぎず、エネルギーの獲得法自体を革新したものではまったくない。ロボットもＡＩも、化石燃料利用の爛熟の上に咲いた徒花なのである。

ところでこのような化石燃料利用の進展は、21世紀の地球上に、非常に大きな副作用を生んでいる。「ＡＩが人間の仕事を奪う」といった話ではない。そもそもＡＩの前にロボットが、その前には動力機械が、多くの人間の仕事を奪ってきた。いや正確には、人間の仕事を引き受け、我々を楽にしてきた。そうではなく問題は、化石燃料利用の限界が、３つの面で見えていることである。

第一が、地下に埋まっていた太古の二酸化炭素を掘り出して空気中に放出してしまうことによる、気候変動など地球環境問題の発生だ。しかしこれについては周知のことなので詳述しない。

第二に、化石燃料自体が有限であるという、古くて新しい問題がある。すぐに枯渇とまでは行かないにしても、価格は長期的に上昇していく。日本について言えば、25年前には年間５兆円未満だった化石燃料の輸入代金が、５年前（２０１４年）には25兆円弱まで高騰した。２０１６年は原油価格の下落で11兆円にまで下がったが、２０１８年には再び17兆円強へと増えている。その差６兆円は、２０１９年10月の消費税の２％増税による政府の増収見込みよりも大きい。しかも消費税は、政府により全額支出されて国内経済に循環するが、化石燃料代金は外国に行ってしまって、その多くは帰っては来ないのである。その上、世界人口の増加と、今後のインドやアフリカのさらなる化石燃料依存度上昇を考えれば、化石燃料価格がいずれまた下がっていくというシナリオは見込めない。

そして第三の問題が、巨大都市の登場と増殖だ。農業期までは、人間は単位面積当たりの日射量と降水量というエネルギー上の制約の下にあり、水と食料と燃料を高度に消費する都市集積の形成には限界があった。18世紀に世界最大の都会だった江戸の人口は１００万人。その生活を支えるだけの食料と燃料を周辺部から人力・牛馬力・風力で輸送できていたこと自体が驚異的なのだが、化石燃料利用が頂点を極めた21世紀には、東京首都圏の人口は３６００万人を超え、引き続き世界最大の都市であり続けている。なぜそこまで大きくなる必要があったのか、諸要因が指摘可能なのだが、根底に「エネルギー利用効率の最大化」という原理が働いていたことは忘れられがちだ。単位面積当たりに今降り注ぐ太陽エネルギーの量、という農業期までの絶対的制約要因から解き放たれた以上、能う限り土地の利用密度を高くすることで、そのすべてを輸入に頼る化石燃料の利用効率を極限まで高めるという方向性が生まれる。東京首都圏（および関西圏、中京圏など）は、その結果できたマスターピースだ。

そのようにして成立した東京以下の日本の都会は、過密による汚染やスラム形成や交通マヒや水不足といった、途上国の大都市が抱え込んでいる問題を、世界最高水準のパフォーマンスで解決ないし緩和してきた。しかし、人口過密に伴うストレスが根本原因である少子化や、集中に不可避に伴う天災リスク（＋戦争リスク）は、特に東京では原理的に解決できていない。

それに加えて現代の巨大都市は、狩猟採集や農業という旧来の原理を100％否定した（享受したくても享受できない）過密空間である。そこに暮らす者のほとんどは、食料や燃料に関し自給や物々交換の道を基本的に断たれ、お金を稼いで使うことに生活の100％を依存しているのだが、高齢者が激増する中で、そういうライフスタイルしか選べない場所に人口を集中させてきたこと自体が、新たな社会不安の要因となってしまった。そもそもなぜ、もっと分散して暮らせる社会にできなかったのか、都市生活者であっても狩猟採集や農業も楽しめる程度の、ゆとりある都市空間をなぜ形成してこなかったのかということが、今の日本では根源的に問われつつある。

この3つの問題を解決する方法は何か？　化石燃料が無限に使えることを当

然の前提に構築されてきた、現在の産業と生活の様式を修正し、化石燃料の使用量を減らしていくことしかない。それは里山資本主義の理想に一歩近づくことでもある。

再生可能エネルギーへのシフトが始まっている

化石燃料の使用量を減らす方法には4つある。第一は農業期に戻るという選択だ。だがこれは、個人が自ら選び取るのは勝手だが、社会的には選択不可能である。崖崩れで埋まった家から親を掘り出してほしいと願う子に、「重機を動かす油がないのであきらめてください」とは言えない。重病の子どもを治療してほしいと願う親に、「昔のような薬品はもう製造できないのであきらめてください」とも言えない。里山資本主義は、そのようなことを唱えているわけではない。

第二が、かつて全国的、全世界的に夢見られたこともある、原子力利用への移行だ。事実、東日本大震災の福島第一原発事故までは、日本の電力の3分の1、エネルギー総使用量の1割程度が、原子力発電で賄われていた。

原子力が画期的なのは、その出所が太陽エネルギーではないことだ。狩猟採集も、農業も、化石燃料利用も、植物が光合成で固定した太陽エネルギーを元手にしているという点ではまったく共通しているのだが、原子力はそうではない。原子が持つ僅かな質量を莫大なエネルギーに変えるという、夢のような話を実現しているのである。

だがご存知の通り、この原子力の利用には、余りに多くの問題がある。いちいち論じずに一点だけ最大のものを挙げれば、コストが高いことだ。「原子力は安い」というのがわが国では鉄板の公式見解で、関西電力は若狭湾の原発の再稼働進捗に伴い電気料金を下げるというパフォーマンスまで行ったが、それは①建設済みで、②耐用年数の来ていない原子炉を、③安定稼働させている間の話に過ぎない。

話をややこしくしないために、福島第一原発事故は起きておらず、今後もそのような事故は永遠に起きないという、無茶な前提を置こう。そうだとしても、廃炉費用と、使用済み核燃料および廃炉から出る汚染部材の超長期の保管費用を計算に入れただけで、原子力の採算性は消滅する。しかもこれは保管場所があったら、という話で、実際には保管場所は国内に見つかりそうにはない。

ちなみに大手電力会社の「原子力は安価」という計算は、廃炉費用を実態より大幅に低く見積もった上、使用済み核燃料および廃炉から出る汚染部材の超長期の冷却保管費用は外して行われている。なぜそうしているかと言えば、保管費用は国が負担することを前提としているからだ。だが国民の側から言えば、電力会社が負担して電力料金に転嫁されるのも、国が負担して税金に転嫁されるのも同じであり、つまり原子力は決して安くない。加えれば、ウランの輸入代金もばかにならない。ウランは化石燃料よりもはるかに限られた資源であり、国内ではほぼ産出されない。原子力は国産エネルギーではないのだ。

そこで残るは、化石燃料消費を減らす方法の第三と第四、つまり省エネルギーと、再生可能エネルギー利用の本格化である。化石燃料期に次ぐ人類史の四番目の画期として、いかにして再生可能エネルギー期を確立するかが、今の人類共通の課題であり、それは里山資本主義者の大きなテーマでもあるのだ。

そのような再生可能エネルギーのうち、太陽光、風力、水力、木質バイオマス（木の燃料としての利用）はいずれも、今降り注いでいる太陽エネルギーに由来する。それに対し地熱利用は、原子力同様に太陽光線に由来しない技術であり、現実に大分県などでは県内需要の相当部分を賄っている。

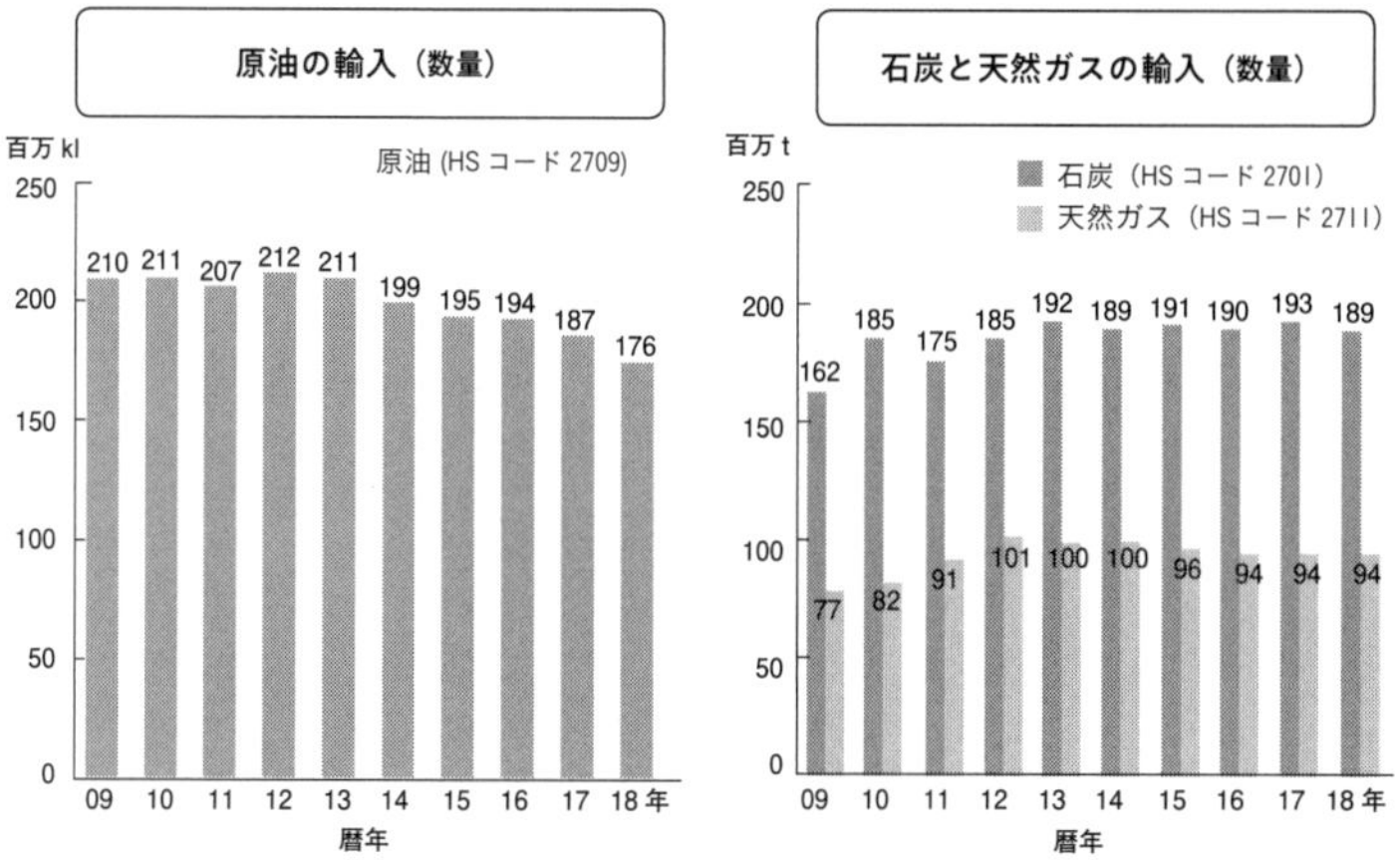

資料：財務省　貿易統計

環境省のレポートによれば、最近の急速な技術革新により、再生可能エネルギーによる発電のコストは世界各地で、化石燃料を燃やす火力発電はもとより、原子力発電をも大幅に下回りつつあるという。

日本でも、省エネと再エネ利用はたいへんな威力を発揮しつつある。近年の化石燃料輸入量（輸入額と違って単価の上下に左右されない）の推移を確認すれば一目瞭然だ。全国で原発がフル稼働していた２０１０年（福島第一原発事故の前年）と、国内すべての原発が停止していた２０１２年を比べても、天然ガスの輸入量が２割少々増えた程度で、原油や石炭の輸入量は増えていない。その後2018年に向けては、原油輸入量は十数%減り、天然ガス輸入量もゆっくり下落を続けた。原発の停止によるエネルギー量の不足は、どのように賄われたのか。第一には省エネの進展が総需要量を減らしたこと、第二に再生可能エネルギーの利用が進み始めたことで、バランスが取れたのである。

この数字は、筆者に大きな勇気と見通しを与える。日本ではまだまったく本格化しているとは言い難い、省エネと再生可能エネルギーの利用をさらに進めれば、化石燃料輸入は近々に何割も減らせるであろうということだ。全国津々浦々に身の丈サイズの発電や熱利用のプロジェクトが増えれば、大手電力会社が取っている集中電源方式に不可避に伴う送電ロスも減り、その分だけさらに輸入量の減少幅を拡大できるだろう。

再生可能エネルギーの利用に有利な里山暮らし

しかし高度成長期以降の日本人は、「エネルギーは自給するものではなく買うものだ」と信じ込んできた。薪を集めて使っている農山村の老人は、エネルギーを一部でも自給しているわけで、その分日本が海外に支払うお金も減らしている。なのにそれを「遅れた人」みたいに感じるというのは、「輸入化石燃料依存症」がわれわれの頭の隅々まで行き渡ってしまった証拠ではないか。

これを農業と比較すれば、問題はより明らかになる。農業の場合、プロ農家の作ったものをお店で買って来てもいいのだが、個人で菜園をつくって、自分の頭の上に降っている太陽エネルギーを自分で利用するのも自由だ。都市住民であっても、ベランダでも農業ができるし、郊外に畑を借りてもできる。ましてや地方在住であれば、庭先や借りた畑で何かをつくるのは普通だ。さらには、誰かが小規模につくって直売所で売っている新鮮な農産物を買う、という選択肢もある。

それに対して電気は大手企業が独占的に供給しており、一部でも自給している人をあまり見かけない。電力会社も、戦前には津々浦々に草の根のものがあったのだが、全部統合されて地域独占になってしまった。石油やガスは事業者数こそ多いが、元々が輸入品であるという点は、水力発電も使っている電気以上にはっきりしている。

だが、農産物を手に入れる方法に、店での購入と自給と直売所での購入と3種類あるように、エネルギーを手に入れる方法にも、本来は3つの種類があるべきだろう。大手電力会社と契約するとか企業から買ってくる以外にも、一部もしくは全部を自給してもいいはずであり、最近増えてきた再生可能エネルギーを発電する小さな電力会社から買ってもいい。最後のやり方が、農産物で言えば直売所での購入に当たるわけだが、里山資本主義は後の2つの方法を推奨する。

そもそも、何でも大規模システムで集中管理すれば効率が上がるわけではない。農産物も電気も、集中的に大量生産して、長距離を運んで売ろうとすると、どうしても輸送ロスや廃棄ロスが生まれる。電力の場合には、送電ロスもあれば、使われない夜間電力の無駄もあるということだ。だが地域社会や家庭で電力を一部でも自給することが当たり前になれば、前述の送電ロスが減るだけでなく、自分で蓄電池を備えて賢く無駄を減らす利用者も増える。

農作物や電力を一部でも自給する人が増えることの難点？　を1つだけ挙げておけば、その分お金が動かなくなるので、GDPには下げ圧力になるということだ。GDPを増やすことが至上目的なのであれば、自給農業や自家発電を禁止して全部お金で買わせた方がいい。でも本来、経済指標の1つに過ぎないGDPなど減ってもいいのであって、農産物や電力を自給する人が増えた方が、社会の安心安全や持続可能性は高まる。そもそも豊かさの基準は、お金だけではない。本当に豊かな社会とは、無駄なことにはお金をかけない、エコな社会なのだ。

ところで化石燃料（＋原子力）万能の時代には、人間はできるだけ密集して、集中生産されるエネルギーの分け前に効率的に預かっておればよかった。しかしこれからは、再生可能エネルギーと化石燃料をハイブリッドで使う生活様式が、普及していくのではないか。そうなれば人口密度の低い（つまり一人が利用可能な太陽光の量の多い）田舎で、エネルギーを〝部分自給〟する方が、経済上も有利であることが知られていくだろう。都会の高層マンションに住んで農産物をすべて金銭で購入しているよりも、家の横に畑が一枚ある田舎に住んで食料の中の何がしかを自給している方が、生活にゆとりがあるというのと同じことである。

畜産を主産業とするドイツの農山村には、牛糞をバイオ燃料にして発電し、あるいは風力発電、太陽熱利用を進めて、エネルギー自給率を数百%とし、余剰分を売って豊かに暮らしている場所が増えているという。日本では牛糞は堆肥として再利用されてしまうが、未利用の風力、小水力、太陽熱は、ドイツより緯度が低く降水量が多い分、ドイツの数倍も豊富にある。余りに人口密度が高く、一人当たりで利用可能な再生可能エネルギー量が少ない東京中心にものを考えていると見えないが、一歩都会の外に出れば、無限の可能性が広がっているのだ。

『里山資本主義』の刊行の前後から、再生可能エネルギーに関する個別具体的な取り組みは、全国の過疎農山漁村で雨後の筍のごとく増えつつある。これらは明治から大正にかけての産業革命期に、「わが町にも電気を引こう」「わが村にも鉄道を敷こう」と頑張った、名もなき人たちの取り組みに重なって見える。それらがやがて日本の津々浦々を変えたように、日本はもう一度変わるだろう。筆者は、ささやかな草の根の努力が変える大いなる未来に期待している。

ヒトの循環再生が壊れた日本

ここで話を変える。もう一度繰り返すが、里山資本主義とは、「ヒト・モノ・カネ・情報が、使い潰されず、淀まずに、循環し再生され、次世代に続いていく社会」を目指す主義だ。そういう里山資本主義の理想に照らしたとき、今の日本にはエネルギー以外にも、そもそも「ヒトが再生されていない」という大問題があることに気づくだろう。

これまた繰り返しになるが、人間も生物の一種である。パンダでもトキでもヤマネコでも同じだが、ある生物の集団が健全であるかどうかを判断するには、その個体数が安定的に推移しているかを見るのが基本のキだ。「どんどん個体数は減っていますが、お金で測れば経済は成長しています」という説明は、パンダやトキやヤマネコを語る時にはナンセンスだが、実は人間を語る時にもナンセンスである。

宇宙人がやって来て、日本列島に住む人間という生物集団（そのほとんどが日本人なので、以下「日本人」と言ってしまう）について個体数を観察すれば、過去半世紀近くにもわたって田舎でも都会でも子どもがどんどん減っている、ということにすぐに気づくだろう。数字で言えば、日本に住む0～4歳の乳幼児は、最近5年間（2014年正月→2019年正月）に、38万人減少した。減少率7・2％であり、仮にこのまま続いたなら70年で乳幼児がいなくなってしまうペースだ。生物集団としての日本人は、見事なまでに子孫の再生に失敗しているのである。

このような減少はなぜ起きているのか。一面としては、日本の国土が養える許容範囲を超えて日本人が増え過ぎてしまったのを、子どもを減らして調整しているというところもあるだろう。だがそれにしても、既に乳幼児の数は最盛期の5割を切っているというのに、それでも減少が止まらない。

日本の47都道府県で、最も合計特殊出生率の低いのは東京都だ。国内には「東京だけが栄えている」というような共同主観が蔓延しているが、東京は実は、国内で最も「ヒトの循環再生」が壊れてしまっている場所である。東京に若者が集中することで次世代が減り、経済が縮小し、さらに次世代もが減るという、日本人が陥っている負の循環を、別段〝成長〟しなくてもいいので、〝安定〟した循環に戻すことはできないのだろうか。解答はやはり、エネルギーの場合と同じく里山にあった。

里山から始まっている子どもの再増加

世界に先駆けて子どもが減って高齢者が増えた日本国内には、その日本の平均より数十年先に事態が進んでいる過疎地が無数にある。多くの日本人が誤解しているが、そうした過疎農山漁村では、もはや高齢者の絶対数が減り始めている。高度成長期以降の半世紀以上、都市部に若者を出し続けた結果、もはや新たな〝年寄りの成り手〟がいなくなってきているためだ。全国的には増える一方の、医療福祉の負担の絶対額も、そのような過疎自治体では減少トラックに入っている。

日本の医療福祉の負担を増やしているのは、目下高齢者の急増している都会だ。過疎の先進地域である島根県で、最近5年間に75歳以上の後期高齢者が1%しか増えていないのに対し、首都圏1都3県では25%増というハイペースでの増加が起きている。首都圏では高齢者福祉の担い手不足が深刻で、少子化対策にはなかなか手が回らない。

そうした都会と対極の現象が、高齢者まで減り始める段階になった過疎集落の、そのまた一部で起き始めている。医療福祉の負担の絶対額が減った中で、子育て支援にお金や労力をまわす余裕が出てきた結果、新生児が増加を始めているのだ。市町村ベースで見ても、2014年正月から2019年正月の5年間に、全国の80近くの過疎町村で、0～4歳の乳幼児が増加した。集落ベースで見れば、乳幼児の増えている集落の数は少なくともその数十倍にはなるだろう。

そういう現実に触れながら、筆者は感じている。人口には、増加から減少に転じたとしても、その先では再び増加へと転じる、つまり循環する性質が元々備わっているのではないか、と。なぜそうなのかについて、なぜ人口が減り始めたのかというところから解説しよう。

人間はライオンなどと同じく、天敵に捕食されることのない、食物連鎖の頂点にある生物種である。捕食されないということは、増えに増えてしまって食料不足に陥る可能性が、常にあるということだ。その場合には、誰かが飢え死にするしかなくなる。ウサギであれば飢え死にする前に、食物連鎖の上位にいる肉食動物に食べられてしまう。でもライオンしかり、人間しかりで、頂点にいるものは誰も食べてくれない。そこで人間の場合、食料不足になれば戦争を起こして数を減らす、ということを繰り返してきた。自分が自分自身の天敵として振る舞ってきたわけだ。

ところが前述の通り、過去の太陽エネルギーの濃縮物である化石燃料の利用技術が進んで、前世紀の後半から日本では、国民全員分のカロリーが確保できるようになった。誰も飢え死にしないし、内乱も起きなくなったのである。ではその結果どうなっただろう。日本人は一方的に増え続けているだろうか？いや、増えていない。それどころか逆に減り始めている。戦争もなく寿命も長いのに、新生児が減り始めたのだ。同じ国土の上に際限なく人が増えればいつか限界が来るところ、子どもが減ったことで危機が回避されたのである。

ちなみに同じことは、農業期の末期である江戸時代中期以降の日本で一度起きている。平和になって新田開発が進んだ17世紀に人口が倍増した日本は、開発可能地が尽きた18世紀から19世紀中盤にかけて、完全な人口停滞を経験した。江戸時代には今と違って、飢饉や間引きもあった。だが化石燃料期末期である最近の日本との間の共通点もある。出生率の極端に低い東京（江戸）に若者が流れ込み続けたことで、国全体の出生率も押し下げられたことだ。

これはつまり、出生数の増減で人口を調整する仕組みが、人間のDNAのなかにあるということではないだろうか。人口密度が高くなり過ぎると、精子が減るなり流産が増えるなりして、子どもが生まれにくくなる仕組みが。天敵のいないニホンザルにもそのような本能が備わっていると聞いたことがあるが、それが天敵がいるシカやイノシシとの違いなのだ。

ところでそのようなDNAに内在する仕組みは、人口爆発の危機が訪れれば発動し、過ぎれば発動されなくなるはずだ。事実、明治の産業革命により化石燃料期に入って以降、日本の人口は江戸末期の4倍にまで増えたが、維新後1世紀を経たあたりから乳幼児の数が減り始め、人口爆発の危機は回避された。とすれば、逆に人口減少が行き過ぎてしまった過疎農山漁村の一部で乳幼児が反転増加を始めたのも、DNAの持つ潜在力からして当然のことなのではないだろうか。

これは、女性がみな2人子どもを産む世の中になる、という話ではもちろんない。子どもを持とうとは思わないとか、身体的な理由で産めないとか、そういう女性は昔から多数存在する。だがその分は、3人以上産む女性が多く出てくることで相殺されるのだ。もちろん3人以上子どもを持つということは、普通に考えれば金銭的にはもちろん、肉体的、精神的にも負担が大きい。だがそこは、子どもを持っていないけれども他人の子育てを助ける人や、産休の人の代わりに働く人などとの相互補完によって、補うことができる。出生率が高い過疎地では、実際にそのような原理が働いている。

ここでまた過疎の先進県である島根県について述べれば、2015年の合計特殊出生率(東北大学高齢経済社会研究センター推計値)は1・87と高い。だがそれは、女性が子育てだけをしているからではない。島根県では25歳から39歳の女性のパート・アルバイトを含む就業率が8割を超えていて、47都道府県で一番高いのだ(2015年国勢調査)。逆に若い女性の就業率が低いのは、大阪や東京といった大都市圏である。つまり島根県の若い女性の方が、東京の若い女性よりも、仕事も子育ても両立しやすいのだ。

島根県では昔から、子どもを保育園に預けるのは当たり前で、待機児童は一人もいない。逆に保育園の足りない首都圏や関西圏では、1人目を預けられずに退職して、収入不足で2人目を持てなくなってしまう人が多くなっている。また田舎では都会と違って、近所の高齢者が子育て中の家庭を何かと助けるのも当たり前だ。逆に言えば孫がいなくても、近所の他人の子育てにかかわることができるのである。

そもそも子どもは社会全体の宝であり、その存在は社会全体の喜びなのだから、子育ても社会全体で分担するのが当たり前だ。自分は未婚で子どももいないけれど、何百人もの子どもを保育してきた女性と、一人で4人も5人も子どもを産んだ女性。少子化担当大臣はどっちを表彰すべきなのだろうか。どちらも素晴らしいのだろうが、他人の子育てを助ける役回りとなった人の価値をこそ、我々は認識する必要がある。

東京で教育を受けるという〝袋小路〟

そのように里山でゆっくりと増え始めている乳幼児だが、彼らが将来、進学や就職の過程で、人口過密で出生率の上がらない首都圏に集まってしまうのなら、日本の次世代の縮小再生産は止まらない。実際問題、「地方は消滅する」と思い込んでのことか、首都圏への若い世代の流入はむしろ加速している。正確には、首都圏生まれの若者で地方に可能性を見出して移住する者も増えているのだが、地方から上京する地方生まれの若者の増加が、その流れを打ち消してしまっている。

そうした新規上京者や、首都圏にこだわり続ける首都圏在住者が共通して口にするのが、「いい教育を受けるには首都圏しかない」という思い込みだ。そう聞くたびに筆者は心中で突っ込む。「いい教育って何ですか?」と。

「地方にはいい教育環境がない」という人は、「地方にいるとお受験エリートになれる道が狭まる」と考えているのだろうが、子どものためを本当に思ってそう言っているのだろうか。子どもに親の見栄をかなえてほしいので、そう言っているだけではないのか。そんな親は、子どもに受験させる前に、自分が勉強して「いい学校」に社会人入学してはどうか。

いや、見栄ではなく心からマネー資本主義を信じて、「子どもを時代の勝者にするには、都会のエリート教育が必要だ」と信じている親もいるのだろう。それに対して里山資本主義に信を置けば、お金だけでなく家庭生活や他人とのつながりを重視する人間に育てること、試験に勝つことや上司の言うことを聞くことよりも、対等に周囲と協働できる力を身に付けさせることが、より重要な教育となる。どちらを選ぶべきなのか？

綺麗事ではなく、損得で話をしよう。これからの時代、「いい会社」のサラリーマンとして昇進を目指すというような生き方は、本人によほどの運と自信がない限りやめた方がいい。余りにリスクが高いのだ。

昭和の時代には、「お嫁さんになって幸せになる」という言い方があった。確かに偶然にいい男とくっついてお嫁さんとして幸せになった人もいるのだろうが、旦那が若死にしたり、DVを始めたり、なんらかの理由で人生プランが壊れた人もたくさんいただろう。天国巡りのつもりが、他人任せの結果、いつのまにか地獄巡りになってしまうことがあるのだ。同じように今の日本で、「いい学校に行って、いい会社に行って、国際的な競争の中で生き残ります」というのも、そもそもが人生を他者に支えてもらうという発想で、昔の「お嫁さんになって幸せになる」というのと変わらない。

「いい学校」を出て「いい会社」に入っても、50歳を過ぎれば肩たたきに遭うのが日本である。元お受験エリートのほとんどが志に反して、さほど上昇できずに腐っていく。その手前で心を壊す人、自ら命を絶つ人も驚くほど多い。幸運にも役員にまで残っても、60歳あたりが限界だ。社長でも65歳になればお払い箱であり、それ以降20～30年は、貯め込んだお金を小出しにする消耗戦の中で、「いつまで生きるのか」という不安にさらされ続けることになる。

それに対して、家庭生活や他人とのつながりを重視するように育ち、対等に周囲と協働できる力を身に付けた人間は、会社を辞めても地域社会に居場所がある。人間関係の中で助け合いを紡ぎながら生きていく能力が高く、何歳になっても用済みにならない。

そもそも、「人生終盤は、中盤(60歳前後)までの蓄積に乗っかって生きるべし」と誰が決めたのか。子どものお受験に狂奔する親は、「田舎で一次産業に従事する人は、いい教育を受けられなかった負け組だ」とでも思っているようだ。だが実態は逆ではないのか。今の農山漁村に行けば、70歳や80歳になっても現役で、バリバリ現場で働いている人が大勢いる。もらっている年金は都会の元サラリーマンよりも少ないはずだが、生きるのに必要な食料・水・燃料の一部を自給し、あるいは物々交換で手に入れている彼らの生活に、金銭面での不安は感じられない。

実際問題、生活保護を受けている人の比率が東京23区では2・4%なのに対し(これは全国の都道府県に比べればトップクラスに高い)、過疎地の多くでは1%未満だ。この数字は、高齢者でも生業《なりわい》を得られる田舎と、生業を得る道の少ない都会の逆格差を示す。

事実はそうなのだが、問題は人間の頭の中身が一向に変わらないことだ。農山漁村の住民自身も、現にじゅうぶんに食べているのに、死ぬまで役目のある充実した日々を送っているのに、「自分は『いい学校』を出て『いい会社』に入って偉くなれなかった負け組だ」と思い込んでいる。都会の母親は、子どもをそのような存在にはさせまいと、「いい教育」を受けられる学校のお受験に必死になっている。だが、人生の終盤3分の1にまったく役に立たない今の日本のお受験教育のどこが、「いい教育」なのだろうか。

さすがに今の時代、単に「お嫁さん」を目指すのではなく、真剣に自立した人生プランを考える女性の方が圧倒的に多いだろう。若い世代のこれからの職業人生も同じである。東京にいる子どもたちは一度はそこを離れて、大都会とは違う価値観を理解した方がいい。大都会は日常的な些細なことでもお金を出して他の人に頼む、分業するシステムで成り立っている。しかし地方には、一人で二役三役は当たり前、何役もやらなければ生活が回っていかない世界がある。そういう世界でこそ、生きていくための基本性能を持った人間、どんな時代になっても生き残れる人間が育つのだ。

もちろん若いうちに親元を離れて、貴重な経験を積むのはいいことだ。地方の若者が東京に進学したとしても、そこにつかまらずに自分の道を選び取れるのであれば、それでいい。だが東京育ちの若者には、親元を離れて修業する機会が乏しい。米国のニューヨークであれば、首都圏に比べずっと大学が少ないこともあって、他都市に進学する若者が多い。勉強ができる人であっても、ボストンのハーバード大学やニューヘイブンのイエール大学、西海岸のスタンフォード大学などに行くことが多く、相当数が一度はニューヨークを出ることになる。東京でも、そういうことが普通に起きなければいけないのだが、実際には人間の〝袋小路〟のようになってしまっている。東京育ちの若者自身が「いい教育は東京にしかない」と言い出す始末で、自分が親元を離れて修業するチャンスを失っていることに気づいていない。

里山から世界へ飛び出す時代

「世界に飛び出す若者を育てよう」という標語がある。山口県で高校まで育った筆者は、その通りに「早く田舎から世界に飛び出したい」という意識を強く持っていた。だがその後に米国とシンガポールで暮らす機会を得、世界の100か国以上を巡りながら定点観測を続けている現在では、考えが変わっている。世界に飛び出すためには、自分の生まれた日本という国の個性をしっかりと理解していることが、素養として必要なのだ。

日本の特色というと、すぐに「真面目」とか「自己主張しない」といった、性格的な特徴が思い起こされがちだ。だが日本人にも、不真面目な人間もいれば主張できる人間もいる。そうではなくもっと絶対的な日本の特色とは、日本列島という土地にある。海に囲まれた火山列島で、美しい海岸線が長く伸び、四季があって降水量が多い。歴史的に世界の十指に入ってきた人口大国であるにもかかわらず、国土の3分の2が緑の山林に覆われている。津々浦々に24時間営業の商店があるたいへん便利な国なのに、一歩山に入れば鹿と猪と熊と猿が数多く生息している。ちなみに欧米には猿や猪はいないし、熊もかなり山奥に行かないと見かけない。田園地帯が昼にトンボの楽園となり、夜に蛙の大合唱の会場となるのも、欧米ではあり得ない現象だ。日本の国土は、それだけ多くの生き物を養えるほど豊かなのである。

残念ながら、東京以下の大都市で暮らしている限り、日本のそのような特質には日々触れることがない。高層マンションと学校と塾を往復し、スマホでストレス解消をしているだけでは、日本はどういう国なのか、体感する機会が得られないのだ。そのまま世界に出ても、外国人に日本について語ることはできない。東京についてなら語れるかもしれないが、ニューヨークやシンガポールとの違いはどこにあるのか、相手はよく理解できないだろう。

世界に飛び出すことが日常になっているのが、トップクラスのアスリートの世界だ。実力が数字で測られ、世界統一基準でランク付けされてしまう。だからオリンピックの日本人メダリストと言えば、世界で通用した日本人の代表ということになるわけだが、その圧倒的多数が地方出身者なのだと、筆者はそのメダリストの一人から聞いたことがある。彼らも世界で転戦しながら、故郷のことを思い、海外の人に語る機会があっただろう。

現在米国の大リーグで活躍している代表的な日本人を3名挙げるなら、ダルビッシュ有、田中将大、大谷翔平ということになるが、彼らもいずれも東京に住んだことがない。世界でも前例のほぼない二刀流に挑んでいる大谷の場合、岩手県奥州市で育ち、花巻市で高校に行き、札幌市でプロ選手になった。そのキャリアの中でもし、いわゆる大都市の名門高校、名門大学、伝統球団と言われるようなところを経由していたなら、投手か打者かいずれかに専念するように、必ずや伝統的な指導をされていただろう。地方で育ったからこそ型にはめられず、世界に飛翔することができたのである。

これからの日本は、いや過去から既にそうであったのかもしれないが今後ますます、地方の自然の中で育った若者が、そのまま世界と日本を往復しながら活躍していく時代になるだろう。東京生まれであっても、人生のどこかのステージで地方生活を経験することが、海外暮らし同様に、マイナスどころか大きな肥やしになる。東京という袋小路から抜け出せない者たちが、東京の内部だけで通用する評価基準に縛られて窮屈な人生を送っていくのを横目に、自分の故郷と自分の考えをしっかり持って、他人では取って代われない人生、自分だけのかけがえのない人生を目指す若者は、静かに増えていくことだろう。

新しい時代の風は、里山の麓から吹き起こって、世界の各地へと流れていく。その風の巻き起こす変化と共に、筆者も歩んで行きたい。

第2章

周防大島が〝里山資本主義のふるさと〟と呼ばれる理由

――20年間の地方再生ストーリー

Japan Times Satoyama
推進コンソーシアム

なぜ周防大島に注目が集まるのか

山口県の南東部に位置している周防大島。『里山資本主義』の第3章で「過疎の島こそ二一世紀のフロンティアになっている」と取り上げられたその島が、周防大島だ。

周防大島の取り組みは、その後も多くのメディアで頻繁に取り上げられているので、いろいろな取り組みを通じて、この島のことを知っている方も多いだろう。例えば「みかん鍋」や「フラダンス」、あるいは『里山資本主義』の中でも紹介された「瀬戸内ジャムズガーデン」（http://jams-garden.com/）など、取り上げられる要素がたくさんあるのも周防大島の特徴だ。だからどこかで周防大島という島の名前やかかわりがある取り組みを見聞きしたことがある方も多数いらっしゃるのではないだろうか。それら具体的な取り組みについては後ほど触れるとして、とにかくテレビやウェブ、新聞や雑誌とありとあらゆるメディアで地方創生、Uターン、Iターンはじめ、さまざまな切り口で周防大島は大注目されているのだ。

どれほど注目されているかというと、「周防大島ドットコム」（http://www.

suouoshima.com/index.html）という島の情報発信を担っているホームページを見ればよくわかる。メディアで紹介された周防大島での取り組みが、ホームページ内で告知されているのだが、ほぼ毎月何かしらのメディアで取り上げられている。

では、その島で今、地域活性化を考える上でどんな具体的なことが起こり、こんなにも注目を集めているのだろうか。周防大島の取り組みや歴史を振り返ることで見えてくるこれからの地域のあり方の可能性をこの章では取り上げていく。

まず、島について基本的な情報をまとめよう。

行政単位としては、周防大島という名の島は存在しない。島の正式な名前は、屋代島。２００４年に大島郡の４つの町（大島町、久賀町、橘町、東和町）が合併して、周防大島町が誕生した。この周防大島町は、屋代島（周防大島）と、その周囲に浮かぶ5つの有人島、25の無人島からなっている。ただ、一般的に屋代島は町名でもある周防大島と呼ばれている。

島の面積は約１３８キロ平方メートルで、瀬戸内海で3番目に大きな島だが、６００メートル級の山が連なっているため、大半が山地で平地面積はあまり広くはない。平地は海岸沿いに広がる程度で、居住地域も限られている。人口は約1万6100人、そのうち65歳以上は約8600人と、高齢化率は50％を超えている（「住民基本台帳」2019年4月）。年間平均気温は、15・5℃と温暖な地域で日照時間も豊富なため、島の傾斜地を活かし、みかんをはじめとした柑橘類の栽培が盛んだった。

では、周防大島が『里山資本主義』でどのように取り上げられたかを振り返っておこう。その柑橘類の栽培がキーになる。周防大島では、少量多品種の柑橘類の栽培が盛んだった。しかし島の第一次産業が、1961年の国の農業生産の増大・合理化を目指した「農業基本法」の策定によってズタズタにされる。国は儲けを生む作物としてみかんを対象とした。その結果、島では少量多品種の柑橘類栽培から「儲かる」はずのみかん中心の耕作へと移行していく。こういった措置は全国各地でも起こった。だが、みかんの需要は国が思うほどは伸びなかった。その後、追い打ちをかけるようにオレンジやグレープフルーツの輸入自由化が始まり、みかんはさらにだぶつき、ジュースや加工用という安価な商品として販売するしかなくなる。結果、島での暮らしや今後に希望を見出せなくなった人たちは農業を放棄して島外へと出て行く。そんな人たちが

１９６０年代後半に増加し、島からの転出者は転入者より大幅に増えたのだ。その当時、こういった状況は日本の各地で起こっていた。

こうした状況の中、１９７６年に周防大島は大島大橋によって本土の柳井市とつながる。それは島の人たちにとっては念願だった。島の暮らしが本土とつながることで豊かになり、転出者の増加が抑制されるのではないかという期待もあった。だが橋で本土と島がつながっても、島からの転出者は増えることはあっても減ることはなかった。しかしその後約30年にわたって続いた社会増加数（転入者数から転出者数を引いた数）の減少が、ついに２０００年頃から増減は多少ありながらも止まり始めた。もちろん高齢者が増え、若者が減っているため、そもそも島の外へ出て行く人そのものが減ったことが理由の１つとして挙げられる。だが島出身者が帰ってくるＵターン、島には縁がなくとも移住するＩターンといった具合にさまざまな形の転入者が増えてきたのだ。住民基本台帳によると、社会増加数の減少は、２００５年頃からは、何十人かの微減の状態が続いている。

この転入者の増加がどのような要因から生まれてきたのか。『里山資本主義』では、「瀬戸内ジャムズガーデン」の松嶋匡史《まつしまただし》さんの取り組み、事業を中心に読み解いている。

地域で経済をまわす「瀬戸内ジャムズガーデン」という革命

松嶋匡史さんは、妻の智明さんと2001年に新婚旅行で訪れたフランスで出会ったコンフィチュール（ジャム）のおいしさに目覚め、ジャム屋の起業を決意する。その際、智明さんの実家がある周防大島での開業を、智明さんの父であり僧侶の白鳥文明さんから打診される。松嶋さんは、柑橘類はじめ、ジャムの原料の調達がしやすく、景色のよい静かな海辺に店舗を構えることが可能な周防大島での開業を決める。2003年、ついに「瀬戸内ジャムズガーデン」を起業するがその際はまだ電力会社でのサラリーマン生活を続けながら試験的に期間限定で店舗やネットでの販売を手がけていた。この間、松嶋さんは社内公募に採用され東京の人材系ベンチャー企業へ2年間の出向を経験するという特殊な経歴も持っている。

起業から4年後の2007年、松嶋さんと智明さんは周防大島へ完全移住し、通年営業を始める。周防大島の材料を使った高品質なジャムは評価が高く、口コミ、メディア紹介などと相まって、売上は好調だ。松嶋さんは島を回り、地元の農作物の生産者たちと話をして商品開発のヒントを得ていく。ここで少量多品種の柑橘類栽培という以前の周防大島の強みが活きてくる。そしてこれまでの大量生産と大量消費の流れとは一線を画し、少量でもいいものをつくり、地元の生産者たちや生産物を安価な労働力や原材料とすることなく、きちんとした対価で還元し、地域で経済をまわす流れを生み出していく。

このような動きが、まさに「里山資本主義」的な経済活動であり、こうした地域活性化を担う人たちが周防大島には、松嶋さん以外にも多く存在している。『里山資本主義』にもレストラン千鳥をはじめとした「ちどりグループ」(http://www.chidori-group.co.jp/)の経営者である山崎浩一さん、「オイシーフーズ」(http://oisea.com/)を起業した新村一成さん、養蜂業「KASAHARA HONEY」(http://kasahara-honey.net/)を営む笠原隆史さん、そして、教育プログラムを提供する「ジブンノオト」(https://jibunnote.co.jp/)の経営者である大野圭司さんが紹介されている。みな、UターンやIターン組だ。それぞれの活躍を『里山資本主義』では紹介しているが、彼らの動きと周防大島の近年の躍進は大きなつながりがある。

また『里山資本主義』では、町長の椎木巧さんに話を聞き、周防大島のUターンやIターンなどの移住促進、起業促進のための情報共有や事業化などにも触れている。『里山資本主義』には登場していないが、それらの活動を展開する上で、Iターンした、周防大島町定住促進協議会の「ふるさとライフプロデューサー」を務める「いずたにFP事務所」(http://izfp.net/)の経営者・泉谷勝敏さんの存在が大きい。

こうした彼らの活動やつながりから、周防大島のこの20年の間に何が起こっているかを見ていく。また、その20年の動きを生み出すことになった日本の社会を覆っている考えや動きとの関係を示して、これからの地域社会のあり方、そして可能性を探っていくことにする。

25年後の日本の高齢化状況

2014年の第二次安倍改造内閣発足後、安倍晋三首相は、東京の一極集中を是正し、地域の人口減少に歯止めをかけ、日本全体の活性化を図る政策を実施すると発表した。これがいわゆる「地方創生」の始まりだ。「まち・ひと・しごと創生法」などの法律が定められ、交付金をはじめとした新たな政策が動き出したが、それ以前から変化を生んでいる地域もあり、現在そういった地域の中で活性化の動きがより進んでいる。その1つが周防大島だ。

2000年前後から周防大島で転入者が増える傾向が続いていることには触れたが、人口自体は自然減、つまり亡くなられる方が多いため、食い止められてはいない。高齢化の状況も町の高齢化率は約53・5％と非常に高い。しかしこの高齢化の波は、日本全国にも当てはまることだ。そして周防大島の今の高齢化の状況は、25年後の日本の状況とも言われている。日本の都市部は今後どんどん高齢化していくのである。その先を行っているのが周防大島なのだ。ただ、先を行っているといっても、周防大島は日本社会の今後の可能性を開いてもいる。その可能性を開くような取り組みがあるからこそ、周防大島は注目を集めているのである。では、その取り組みはどのような時間的な経過、人々の動き、状況や条件などの要素を持ち、ここまできたのだろう。

20年かけて変化を続けている周防大島

周防大島を、「里山資本主義」的な成功へと導いた時間的な経過をたどると、2001年から2005年の「胎動期」、2006年から2010年の「育成期」、2011年から2015年の「成長期」、2016年から現在へ続く「成熟期」といった4つの時期に大まかに区分ができる。

ただ周防大島では、このような時間的な変化の特徴が見られるということであって、常に他の地域でも5年ごとに変化が現れ、移行していくというわけではないだろう。それぞれの期間が3年でうまく移行する地域もあれば、もしかしたら10年かかる地域もあるかもしれない。しかし、先進地域である周防大島で20年かかったことが、そのまま他の地域でも同じように20年かかるとも限らない。周防大島の経験を活かすことで、劇的に変化が加速する地域もあるかもしれない。もちろん地域によっては、その状況や事情、条件、これまでを振り返り点検すると、変化が簡単には生まれそうにないことに気づく場合さえあるかもしれない。従ってここではまず区分のあり方に注目していただき、その中身がどのようなものかを考えていただきたい。

周防大島をどうとらえ、どう活かすか

松嶋さんたちの活動を追いながら、周防大島の歴史や活動を見ていく際にどのようなポイントが考えられるだろうか。

1つは、彼らの活動の意義はとても大きく、周防大島の地域活性化の軸となっているのは確かだ。ただ、誰かひとりだけが努力したり、活躍するだけでは地域の活性化にはつながらない。さまざまな人々の有機的なつながりがあり、もしくはつながりができてこそ、地域の活性化は進んでいく。では今、自分たちの地域を振り返ったとき、活用すべきどのようなものがあるだろうか。あるいは、こんなものがあるからこれをもっと活用して何か活動や商品化はできないかと考えると、今後の可能性も広がる。きっと地域に根差した何らかの活動をしている人は今もいるに違いない。もしくは既に何か活動や商品化をしているのであれば、どうすればより広がるか、どうして自分たちの活動はもうひと伸びしていないのか、もっと周囲を巻き込むにはどういったヒントがあるのか。そういったさまざまな見方で本章を参照してチェックし、改善していくことで、より多くの地域でのそれぞれの活性化が進む可能性が高まっていくはずだ。

今、これだけ全国的に地方創生が叫ばれ、各地域でさまざまな取り組みをしている状況の中、地域で率先的に活動している人や団体、事業があることも多くなっている。その人たちや団体、事業をきちんとそれぞれの地域で活かしきれているかを見ていく必要も当然ある。周防大島で松嶋さんや「瀬戸内ジャムズガーデン」が大きく注目されるようになるには、もちろん松嶋さんたちの努力がある。ただ、それを後押しするような人や動き、何かが周防大島にはあったのだ。それらについてもこの章では見ていければと考えている。

また、自分が地域とかかわって暮らしていきたいと考えている読者の方にとっては、イノベーションのような動きがあり、それをフォローするアーリーアダプターのような動きが地域にあるのか、ないのか。もしくは自分はイノベーターのような活動がしたいのか、イノベーターをフォローするようなアーリーアダプターとして活動したいのか、そういった自分の資質と地域の状況と求められている役割を勘案しながら、どういった地域でどのようなかかわり方ができるのか、したいのかを考えていくことも重要だ。その見極めのためにも、周防大島の流れがどのような経過をたどり今に至るかを知ることには大きな意義がある。

「孫」から「長老」への働きかけが大きな変化を生む

周防大島のこの20年の動きを検証するためにも、それ以前の状況がどのようなものだったか、振り返ってみよう。

周防大島では、1960年代頃から人口流出が始まっている。『里山資本主義』でも触れられているように、柑橘類などの農産物の売上が落ちたことが原因の1つだ。その時期、第一次産業を中心に生活が成り立っていた日本の多くの地域では、次のような考えが広がり、流れができていく。

農業や漁業の売上がどんどん右肩下がりになった時代、第一次産業の未来はないと多くの人が考えた。その結果、農業や漁業を生業《なりわい》として暮らしていた昭和を生きた親世代＝現在の「長老世代」は、農業や漁業を続けても自分たちはギリギリ暮らしていけるが、これからは生活していけない、このまま地方にいても未来がないからと、彼らの子ども世代＝現在の「現役世代」には、都市へ出て企業に就職するようにさせた。親としては、職も生活する術も減っていく地方より、子どもたちには都会へ出て企業に、できれば大企業に就職した方がいいという考え方が主流になっていったのだ。

以前であれば、土地や建物があるから地元に残れと、親世代は長男に言っていた。それが長男も都市部へ進学して就職することになる。そうすると、親の期待を背負って都会へ出た長男たちは、進学して企業へ入り、高度経済成長は終わったもののまだまだバブルがはじけるまでの成長の勢いが続く中、うまく企業に所属し、出世をしたりして、ある程度の生活を得て地元へはなかなか戻ってこなくなる。それとは逆に以前は都会へ出ていった次男が地元に残ったり、地元に戻ってきたりする事例が増えてくる。

この「現役世代」で戻ってきた人々の経歴や考え方は、バラエティに富んでいた。地元に帰ろうと思って帰った人たちもいれば、リストラやM&Aなど、企業の都合によって帰らざるを得なかった人たちもいるだろう。こうした経験を持つ「現役世代」のUターン組の中には、都会に行ってもいいことはないといった認識を持つ人もいれば、あるいはバブル崩壊やその後の低成長を目にし、経済成長のあり方や都市での生活を見限り、もっと違った経済活動の方法や、地元の魅力を再発見しようといった方向へ意識をシフトする人たちも登場した。

その結果、地元の魅力を再発見して情報として発信したり、事業化しようという意識と動きが活発になってくる地域が出てくる。しかしここで問題も起こる。地域や事業の状況について「現役世代」が「長老世代」に意見すると、「苦労も知らないで」などと言われる場合もある。例えば地域には魅力あるものが実はあり、それを「長老世代」は活かしきれていないなどと「現役世代」が口にすれば、反発は当然出てくるだろう。第一次産業には未来がないという価値観で、子どもを都市の企業へ就職させてきた「長老世代」。その価値観によって都会へ出た「現役世代」。この価値観に縛られてきた両者にとって、それをめぐって直接的に意見をやり取りすると、うまくいかないこともある。両者の人生に大きな影響を与えてきた価値観だからこそだ。

「長老世代」と「現役世代」が実際に「親」と「子」の場合、そういった対立の向きになりがちだ。しかしその当事者の中でも「長老世代」と「孫」という枠組みになってくると少し関係が違ってくる。「長老世代」も「現役世代」も世代の幅が多少それぞれにあるので、実際の「親」と「子」の世代の関係もあれば、「長老」と「孫」というほどの年齢の差がある場合もある。この「長老」と「孫」の関係になると、価値観で対峙するより、「孫」の話を聞く「長老」といった関係性も出てくるのだ。

そしてここで次のフェーズに移る。「現役世代」でもIターンや、パートナーの実家に帰ってくる、例えば周防大島の松嶋さんや泉谷さん、後出する江良正和さんなどは、「嫁ターン」とも言われている。また文字通り祖父母の地元へ孫とその親が子育てのために帰る「孫ターン」の人々。こういったさまざまな立場で地域にかかわり、「孫」のような存在、つまり近過ぎず、かといって遠過ぎない関係を持つ人たちが「長老世代」の人々とかかわることで変化が起こる。実際に血縁がある孫をはじめ、この「孫」的な人たちを含む「現役世代」が、何か地域の魅力を見つけ、課題を解決して提案していく。例えば道の駅で何かを売るにしても工夫を施したりする。「こうした方がもっと商品の魅力が活きると思う」と、「長老世代」に言っていく。すると「それはやってみたらいい」、「こういったことができる人がいるので紹介しよう」、「もっと違ったいい素材がある」などといった具合に建設的な広がりが生じ、大きな変化が生まれる可能性が高まるのだ。

「孫」的な存在が、これまでの価値観へ疑問を持ち、現状の課題への解決策を提示することで、ワンクッション置いて、「長老世代」も考えることができる。その結果、これまで強固だった価値観が崩れ、より多様な関係性が生まれ始めるのだ。

「次世代」の若い人たちに伝えていること

「現役世代」は、都会と地域の両方を知っている。Uターンに I ターン、都市部から自分の地元の近くへ移住するJターン、孫ターンや嫁ターンと、さまざまな形で地域の魅力を見つけて帰る「現役世代」が増えている。そして周防大島に移住する人たちが増えているのも、こういった外から来る人たちを受け入れ、多様な起業を受け入れる環境があるからだ。「アイディアを持っていけば新しいビジネスを始めることが可能」とも言われる周防大島は、まるで「シリコンバレー」のようだとの指摘もあるほどだ。

また周防大島の「現役世代」は、「次世代」の教育にも熱心だ。「次世代」に島のよさ、魅力を知ってもらい、進学や就職のために一度は都会へ出ていくことがあっても、外で得た知識や人間関係などのつながりを大事にした上で周防大島へ戻ってきてほしいと考えている。それこそが地域活性化の最終的な成功への道筋なのだ。「次世代」の教育こそが、今後のそれぞれの地域の人口減少をとめていく。それには地域に帰ってきてもらう必要、あるいは出ていく必要がない状況をつくらないといけない。そのためにも「次世代」の若い人たちに周防大島の魅力をきちんと伝えることと島で働ける環境づくり、あるいは「次世代」自らが島で何かを活かして生活できるような意識づくりといった教育が重要になってくる。

地域活性化とは、その地域を今後の世代に残し、循環していくサイクルをつくることだ。それには人がいて、あるいは外へ出て行った人が帰ってきて、仕事があり、仕事がなければつくれる社会を準備し、経済が循環していくような地域にする必要がある。そのための教育を含めた環境が今、周防大島では生まれつつある。だからこそ周防大島は日本社会の今後の可能性とも言えるのだ。

Uターンのさきがけとなった人たちの存在

では、その周防大島20年の具体的な動きを、松嶋匡史さん、山崎浩一さん、新村一成さん、笠原隆史さん、大野圭司さん、泉谷勝敏さんたちの動きを中心に見ていこう。

まず前項から続く流れの中で20年前の状況として特記しておく必要があるのが、周防大島（合併前の橘町）出身の山崎浩一さんのUターンだ。１９９５年、

（写真提供：山崎浩一さん）

レストランを創業して間もない頃の山崎さんと従業員

周防大島（当時は橘町）にある竜崎温泉のオープンに合わせてレストラン運営の公募が行われる。公募に応募して選ばれたのが東京やヨーロッパで料理の修業をした山崎浩一さんだった。同年、山崎さんはレストラン千鳥を開業する。翌96年に、山崎さんは、有限会社千鳥を設立して社長に就任。その後、事業を徐々に拡大して、周防大島だけではなく、山口県光市や広島県府中市なども含め11の和食、洋食、スイーツの店舗を展開する「ちどりグループ」に成長させた。山崎さんは、現在、周防大島観光協会の会長を務めていて、彼が周防大島で近年活躍をしているU

ターン組のさきがけとも言えるのだ。

この頃から、山崎さんのように生まれ育った土地での活躍を望み地元へ帰る人をはじめ、脱サラなど、それ以前から続く理由はもちろん、バブル崩壊の1991年以降のリストラ等々のためなど、Uターンの動機が複雑になり始める。地域へ帰ってくる人たちもさまざまな経歴を持つ人たちが増えるのだ。これが次の2001年から2005年の「胎動期」へとつながっていく。

「胎動期」（2001年から2005年）

2001年、当時の小泉純一郎首相は、「2010年には訪日外国人を1000万人にする」と、日本の「観光立国」化を宣言する。そこから透けて見えるのは、この時期に、日本は今後、「ものづくり」だけでは経済を伸長させるには限界があり、観光を大きな産業とする必要があり、政府がそのムーブメントを誘導し始めたということだ。

そしてこの年、周防大島の隣の浮島出身の新村一成さんが結婚を機にUターンする。親戚が経営している水産会社へ就職した新村さんは、のちに周防大島

（写真提供：松嶋匡史さん）

オイシーフーズの新築工房の前の新村さん（右）。
瀬戸内ジャムズガーデンの松嶋さんと

のイワシを使ったオイルサーディンを製造販売する「オイシーフーズ」を起業することになる。

２００３年には、松嶋匡史さんが妻の智明さんと「瀬戸内ジャムズガーデン」を起業。松嶋さんは、それまでのカテゴライズだと「脱サラ」として取り上げられていただろう。そしてまだこの頃は周防大島へは移住していないが、「嫁ターン」という認識も当時はなく、「Ｉターン」として取り上げられていたはずだ。

２００４年の出来事を以下にまとめる。

周防大島町が、４つの町＝山口県

（写真提供：新村一成さん）

オイシーフーズの主力商品オイルサーディン。化学調味料、着色料、保存料は使っていない

大島郡大島町、久賀町、橘町、東和町の合併により誕生。

江良正和さんがIターン（嫁ターン）。江良さんは山口県岩国市出身で、周防大島にある大島商船高等専門学校に通ったあと、電機メーカーに就職。エンジニアとして11年勤めていた会社を退職して、「周防大島ドットコム」を開設した。当時は1999年から2000年のITバブルが2001年にはじけ、開設したものの更新もままならないようなウェブサイトも散見され、あまり効果がないのではないかとウェブに対して懐疑的な見方もあるような状況だった。だが江良さんは地方こそウェブの活用が効果的と考え、周防大島をまわり情報発信の重要性を訴え、島でのニーズを掘り起こしていく。

同年、大野圭司さんがUターン。大野さんは、周防大島で土木建設業を営む大野工業の長男。大学進学で大阪へ、その後、大阪で建設コンサルティング、東京でウェブ制作会社などに勤めた。フリーのウェブデザイナーなどを経て、周防大島へ帰ってからは、実家である大野工業に所属しながら、起業家支援のフリーペーパー「島スタイル」を創刊する。

この「胎動期」に、その後の周防大島のキーパーソンになる当時30歳前後の人たちが島へUターンやIターンで戻り、揃い始める。彼らの職種などは幅広くさまざまで、島の活性化を促進する上で大きな意味を持っていく。

同じく2004年、松嶋さんが、周防大島に「瀬戸内ジャムズガーデン」の店舗を完成させる。

周防大島のその後に強い影響を与える松嶋さんがこの「胎動期」に起業して、実店舗を構える。松嶋さんは、その後、2007年の「育成期」に島へ「Iターン／嫁ターン」するまで、島と都会との往復を重ね、またパートナーの智明さんと協働でジャム製造と販売を試行錯誤しながら継続していく。このパートナーの血縁と地縁をベースに地域コミュニティへ徐々に参加していく動きには大きな意味がある。つまり「嫁ターン」の意義だ。この嫁ターンについては後ほど触れることにする。

情報発信を続けながら活性化を軌道に乗せる

また、江良さんのIターン（嫁ターン）と「周防大島ドットコム」の誕生も大きい。ITがインフラとなり情報発信が始まったのだ。ただ、まだこの頃は周防大島にそれほど多くの発信すべき情報があったわけではない。それでもこの初期の「胎動期」にITインフラが整備されたことによって、UターンやIターンで戻ってきた人による起業やそれまでの事業や町の情報が広がる基礎が構築された。また、情報を新しいメディア、技術で発信するため、若い世代の知恵が活用される機会と経験を得たことも大きい。うまく情報を発信する手法を「孫世代」が活用することで、町の中に新しい動きへの関心が徐々に広がる素地ができたのだ。

（写真提供：松嶋匡史さん）

瀬戸内ジャムズガーデンの店舗の松嶋さん

この新しい発想や事業、技術の勃興により、共同体内の新たなかかわりが始まり、そこには世代間のかかわり合いも生む。その結果、Uターンといった地縁、血縁を持つ人たちを中心に、若い人に任せてみようという世代交代へのステップが形成された。つまり島の中で若い人にもチャンスが回る流れができ始めたのだ。

この「胎動期」は、Uターンの人とともにIターンの人が帰ってくる状況が生まれ、さまざまなスキルを持った多様な人たちが地域に入り、交じり合い始める時期だ。例えば料理人、レストランやホテル、カフェ

（写真提供：松嶋匡史さん）

瀬戸内ジャムズガーデンは
UIターンした人たちの雇用の場にもなっている

で働いていた人、インターネットが使いこなせる人、起業した人など。そういう人たちが都会から地域に流入してくることで地域が変化の可能性を孕み始める。

なお、2003年には、NPO法人ETIC．が、地域プロデューサーたちの協働・相互支援のためのプラットフォーム「チャレンジ・コミュニティ・プロジェクト」（https://www.challenge-community.jp/）が実現可能かどうかを調査し始め、翌年には開始している。これは、地域で働いたり、起業したり、地元に貢献することに関心のある学生や若者と企業をはじめとしたさまざまな人との出会いの場をつくり、実践的プロジェクトを通して両者をつないでいく地域プロデューサーへの支援活動だ。このような活動が盛んになり始めるのは、既に地域コーディネーターたちが各地域の中で個別に活動を始めており、その連携をとろうという動きが既にこの頃には動き出していた事実を示す。つまりそれだけ地域で若い人や起業への意識がある人が存在し、それを支えたり、つなごうとする人たちも活躍し始めていたということだ。こういった活動が動き出していたこと自体、地域の活性化が進み始めているところでは活発化しつつあったのだ。

こういった流れの中で、周防大島ではUIターンの人たちによる活動が盛んになり、胎動期を通して活性化が軌道に乗り始める。2005年には、UIターンをした人たちが有志で結成した周防大島のPR団体が、大阪で開催された「しまづくりキャラバン2005」に初めて出展している。この「しまづくりキャラバン」は、国土交通省と日本離島センターの共催で、離島地域の住民と都市の住民との交流促進を図るため、各地の都市で開催されているイベントだ。離島の情報発信と同時に、都市に住む人たちのニーズを離島側が把握することで、離島地域の活性化に役立てる試みとなっている。この年、周防大島の出展を企画したのは、江良さん、大野さん、現在は周防大島観光協会職員の西山喬さん。

こうした地域の情報発信のイベントに積極的にUIターンの人たちが率先してかかわるような状況が、この時期、周防大島では既に生まれていたのである。その後も「しまづくりキャラバン」や同様に国土交通省と日本離島センターが共催する、全国の島々が集まる祭典「アイランダー」への出展は継続しており、地道な情報発信が続けられている。

「育成期」（2006年から2010年）

2006年、周防大島観光協会が主導して、地元の名産を使った「みかん鍋」が誕生。この「みかん鍋」は今も特産としてたいへん認知度が高い。さらに、認知度を高めた効用はもちろん、もう1つ大きな意味を持っている。この「みかん鍋」は、観光協会と農協、漁協の協力なくしては誕生しなかったのだ。つまり観光協会と農協、漁協の距離が縮まったのである。それまで強く結びつくことがなかった組織が近づき「自治」が活発化し始めた。それはなぜか？　若い人たちがそういった団体へ参加して横のつながりが生まれたからだ。彼らそれぞれがチャレンジした新しい事業が軌道に乗り、町の業界団体にも入り、責任を持たされ、新しい取り組みを開始した。町の中が有機的につながり始めた大きな結果の1つと言えるのだ。

同年、観光協会が主導して「島コン」第1回目開催。「島コン」とは島での男女による合コンのこと。今でも「島コン」は、周防大島町定住促進協議会、周防大島バーベキュー協会の主催、観光協会の協力で続いている。また11月から3月の間は、「島コン」を休み、「みかん鍋」を囲んだ合コン「鍋コン」を観光協会が企画している。若い人たちを島へ呼び込もうという新しい取り組みだ。

また同年、NHK広島が中心となり、中国地方5放送局の連携による「ふるさと発スペシャル ちゅうごく人口減少社会」が5回シリーズで制作、放送される。この番組に大野圭司さんが出演。人口減少という課題への取り組みとして、この頃既に大野さんをはじめとした周防大島の地域活性化の動きにメディアからも関心が寄せられ始めていたのだ。

2007年、大阪市内の証券会社で営業を担当していた泉谷勝敏さんは、激務の日々に疑問を持ち、周防大島に移住する。泉谷さんは大阪府堺市出身。周防大島には妻の実家があり、泉谷さんも嫁ターンだ。当初は広島市内の外資系損保会社に勤務するが、２００９年に周防大島でファイナンシャルプランナーとして独立開業する。

２００７年は、松嶋さんが中部電力を退社して周防大島に移住。「瀬戸内ジャムズガーデン」の通年営業が開始される。

２００８年、江良さんが、周防大島観光協会事務局長に就任。

この年に今も続く「サタフラ（サタデーフラ）」が開始される。江良さんたち観光協会が中心となり、夏の観光客誘致を狙い行ったことだ。周防大島は、明治時代に約４０００名近くのハワイ移民を送り出し、１９６３年にハワイ州カウアイ島と姉妹島提携を結んだ。その縁があり、７月から８月の１か月半、土曜にフラダンスを踊る催しを始めたのだ。だが初年の参加団体は、20組ほど。それが今では１３０チームの団体が参加する一大イベントに成長している。

同年、大野さんが、大島商船高等専門学校の教授たちとともに、起業家養成塾「島スクエア」（大島商船高等専門学校・文部科学省補助事業）を開始。大野さんは２０１０年、島内の中学校で、ふるさとを拠点としたキャリア教育を

（写真提供：大野圭司さん）

周防大島の中学校で、「次世代」へ向けた
キャリア教育をボランティアで始める大野さん

松嶋さんも講師を務める

（写真提供：大野圭司さん）

地元の中学や塾が道の駅などに出店する
起業家教育も始めた（後出 p.98）

ボランティアで始めている。ここで島の「次世代」へ向けた教育が起動する。

また2008年には、当時の麻生内閣が「地域おこし協力隊」（https://www.iju-join.jp/chiikiokoshi/）を政策として提唱。翌年には、総務省の主導によって実施され始め、今も続いている。協力隊は、地方自治体の委嘱を受け、地域で生活し、各種の地域協力活動を1年から3年間行う。賃金は国からの補助だ。このような施策によって地域の行政側も事業に携わりたい人たちとのマッチングがより可能になった。また行政に携わりたいと考えていた人たちの需要を掘り起こし、そのような人たちとの橋渡しとしても機能している。地域としては、若い人が来てくれて助かるし、当初は想定しなかった大学の新卒の人なども多く参加していて、制度として根づいている。

2009年、「空き家バンク」(http://www.town.suo-oshima.lg.jp/seisakukikaku/jutaku.html)スタート。空き家の情報を行政が提供する試みが始まっている。

大きな成長への萌芽が見える

この「育成期」には、UIターンした若手の事業活動が軌道に乗り、松嶋さんの「瀬戸内ジャムズガーデン」により、第一次産業と加工の第二産業、販売の第三次産業が結びついた「六次産業」化が島の中で進む。また観光協会などの地域の団体で若手の登用、活躍が始まり、「みかん鍋」、「島コン」、「サタフラ」などの新しい事業がどんどん生まれる。そういった状況にそれぞれ島の外で得た専門知識が役立つ。例えばIT技術などを持った人がそれを活かして情報発

（写真提供：笠原隆史さん）

KASAHARA HONEYを起業した笠原さん

信を始めれば、同時期に「みかん鍋」など、観光客集客のための事業、また、行政や事業のための人材募集をはじめとした情報といった具合に発信する情報自体も急激に増加し始める。こうなると、その情報が周防大島の外へも拡散し、島の外からも注目が集まるようになる。

その1つの現れが、松嶋さんと江良さんが、2009年に中国地方の経済産業省「地域ビジネスリーダー50人」に選ばれたことだ。周防大島での取り組みが島の外に知られるだけでなく、徐々に評価を得るようにもなったのだ。

また2010年には、笠原隆史さ

（写真提供：笠原隆史さん）

KASAHARA HONEYのショップにはカフェもあり、
おいしい蜂蜜を使ったドリンクやスイーツが楽しめる

んが、妻の亜裕美さんと「KASAHARA HONEY」を起業する。この笠原さんの経歴も1つの積み重ねが成功した結果だ。笠原さんは岩国市の出身。福岡の大学と調理師学校に通ったあと、福岡のホテルに調理師として勤める。そこで妻の亜裕美さんと出会う。そしてホテルで使う食材を求めていたところ、周防大島の蜂蜜を知る。笠原さんの父は岩国で養蜂業を営んでいたが、出身は周防大島。笠原さんは父の故郷に戻って養蜂を始めることにする。そのために笠原さんは周防大島に移住し、大野さんが運営していた起業家養成塾「島スクエア」（大島商船高等専門学校）へ入塾した。この時期には地域内で人々の交流や循環が進み、島へ帰ってくる人を迎え入れ、一緒に何かをしたり、起業を支援する環境が当たり前のようにできつつあるのだ。

「胎動期」に交じり合い始めたUターンやIターンの人たちが持っているバックグラウンドやさまざまな経験が化学反応を起こし出す。元々あった地域の業界団体に参加したりすることで、またそこで新しい取り組みが生まれる。そしてそこから共同体の再生が始まる。インターネットのインフラも整備されていて、発信する情報もどんどん増加しているので、情報発信の結果、さらに拡散していく。こうした状況の変化から見えてくるのは、島へ入ってくる人を受け入れていく環境がより整い始めていることだ。

「成長期」（２０１１年から２０１５年）

２０１１年、大野さんが、共同通信社主催の「第1回 地域再生大賞」優秀賞を受賞。

２０１１年11月、松嶋さんが中心となり、大野さん、泉谷さんたちの有志で

「島くらす」(http://teiju-suo-oshima.com/news/information/news65.html) という活動を開始。これは周防大島へのUIターンを促進するための活動である。2014年の政府による地方創生の政策実施の前に行政ではない個人の有志で始めている。ここも重要だ。行政よりも民間が少し先を行く。そうした地元の横のつながりによる展開の方が地域に浸透し広まりやすいところがある。行政の上からといった施策だけでなく、民間の横のつながりを使ったバランスのよい関係を地域ごとに探っていく必要があるのだ。また、行政任せや行政の支援を前提にした依存体質から意識を変化させることも重要だ。

そして同年11月18日、NHK中国地方向けの番組のフェイス グランデで、「里山資本主義　革命はここから始まる」が放送される。この後、計5回にわたり「里山資本主義」の番組が放送。周防大島を取材した番組は2012年3月に放送された。

先に触れたように2006年には、NHK広島が中心となった番組「ふるさと発スペシャル ちゅうごく人口減少社会」が放送されたが、その後も周防大島の活性化の動きは伸長する。そのため、この継続する活性化の動きは、取材する側も注視を続けてきた。もちろんこれらの動きは中国地方内でのことかもしれない。だが、ネットによる情報拡散と事業や人の流れの変化などさまざまな動きが山口はもちろん広島など周囲の地域にも目に見える形で現れ、それらが継続していたことの証左でもある。

こうした周防大島の動きと時を同じくして、『里山資本主義』の「はじめに」で書かれたように、「中国山地のあちこちで始まっている挑戦」があった。この同時多発的に広がった、それらの動きがどういった事象でどのような要因から生まれているかを読み解くために「里山資本主義」の番組は企画されたのだ。

この番組によって、これまでもメディアなどでそれぞれの事業や島についての紹介はあったが、周防大島そのものへの関心、さまざまな動きへの取材、注目度や露出がさらに増えていく。

では、どういったことが話題になっていたのか。島の外部から来た人たちが周防大島で起業を始めた。しかもその起業も奇をてらった商売ではなく、地域内に元々あった柑橘類をはじめ、耕作放棄地や生食ではなかなか商品にならないような農産物を加工品にして販売するということだ。それらの農産物をフェアトレードで生産者から買い入れるということが話題になっていた。少量でも高付加価値な商品を多品種販売し、ある程度の高価格でも購入者たちがそれを納得するような商品を販売することで、地域の原材料の生産者たちにきちんと還元する。周防大島で営まれている動きこそ、「里山資本主義」的な経済循環そのものだった。

「里山資本主義」が話題になる前までは、「六次産業」という取り組みが注目を集めていた。しかし、「六次産業」という言葉は話題になるものの実際にリアルな店舗で成功している事業はあまりなかった。「具体的にどうすればいいのか」というと、よくわからない状況があった。その状況で松嶋さんたちが第一次産業で収穫した農産物を、第二次産業の加工、そして第三次産業の流通、店舗をはじめとした販売まですべて独自に行った。そのため「瀬戸内ジャムズガーデン」は、「六次産業」のショーケースのような役割も担うことになったのだ。

また、地域メディアに取り上げられることで、住民たちの中にも新しい取り組みや地域の変化にポジティブな印象を持つ人が増えてくる。これが大きい。この地域の協力的な姿勢が地域活性化を促進させる力になる。

「嫁ターン」が果たす大きな役割

この地域の協力的な姿勢の中には、結婚相手の実家に帰る「嫁ターン」も大きな役割を果たしている。松嶋さん、江良さん、泉谷さんが、まさに「嫁ターン」だが、Iターンの成功事例としても紹介されてきた。

同様に子育てのため、あるいは自身の祖父母の地元へと帰る「孫ターン」など、地域への人口転入を指し示す言葉にもバラエティが生まれ始めている。それは、都市部から地域への移動が盛んになり、それまでの常識ではとらえられない状況が生まれていたからであろう。以前、UターンやIターンは、都会で疲れた人、親の介護のため、またはリタイアした人たちが地方で暮らすために移住するといったイメージが強くあった。しかしこの頃、その転入理由もバラエティに富む状況が生まれ、これまでのUターンやIターンという言葉だけでは説明できなくなっていた。そのため変化する状況をとらえようと生まれたのが、こうした言葉とも言えよう。

さてその「嫁ターン」の大きなメリットは、血縁や地縁とのコンタクトが容易になるという点だ。Uターンの人たちはもちろん血縁と地縁があるからこそ帰るわけだ。だがIターンの場合は、基本的に何も関係がないところから、縁をつくり出していかなければならない。もちろんそういったIターンの人たちを、行政やNPO、地域コーディネーターたちは手伝ってくれている。それでもそれぞれのプライベートなところまでへはなかなか入り込めない場合もある。それが嫁ターンで帰った人たちのパートナーは端から血縁と地縁を持っている。そのため、地域になじみやすかったり、あるいは、関係をつくりやすいアドバンテージが生まれる。嫁ターンでパートナーが起業する際、血縁、地縁を頼り、手伝ってもらえたり、何らかの紹介を得やすいといったケースはよくあることだろう。

イノベーションには「若者、バカ者、よそ者」が役割を果たすといったとらえ方があるが、あまりに遠い関係の人が突然自分たちの地域に入ってきて何か新しいことをしようとしても壁が高過ぎる場合もある。それが血縁や地縁がある人のパートナーという存在は程よい距離感を生むケースもあるのだ。そういった意味で嫁ターンで地域に帰る人は重要な存在になり得るのだ。

また松嶋さんの場合、さらに大きなポイントがあった。松嶋さんの妻の智明さんの実家が寺だったことだ。これこそ地域へのドアを開けてくれるという点では重要だった。智明さんが坊守を継ぎ、檀家さんたちの相談事を引き受ける役割を担っている(2018年、智明さんは住職に就任)。この寺が持つ機能の意味は大きい。例えば、仕事を辞めて帰ってきたもののなかなか仕事がなくバイトをしている子どもが家にいる。そんな情報も入りやすいかもしれない。地域コミュニティの中心にもなり得るポテンシャルを持っているのが寺なのだ。行政やNPOでは、個人情報や人間関係にどこまで立ち入っていけるかという問題もある。しかし寺であればそういった問題を微妙にクリアしてしまう場面もあるのだ。宗教的な存在ではあるが、限りなく心の拠り所といったスペースが寺であり、相談という体裁で情報が集まることもある。血縁や地縁、その両方の中心に昔から存在し、地方では脈々とそういった役割を担ってきた。そんな寺の娘婿が帰ってきて起業する。

もちろん松嶋さんは電力会社という大手企業に勤め、その中でもベンチャーに出向するような特殊な経験と能力を持った人だ。アントレプレナーシップが強く、出向先でも多くのサラリーマンが体験できないような仕事や経験を積んでいるだろう。その人が妻の地元で商売を始める、となった。ただ周防大島の人たちから見れば、お寺さんの娘さんのお婿さんが商売を始めるというふうに見えただろう。お寺さん自らがビジネスを始めると言えば生臭いといった話になったかもしれない。しかし、その娘さんとお婿さんが商売をするということであれば、協力してあげようという意識を持つ人も出てくるだろう。松嶋さんのお寺では寺へ集まる情報を使い、空き家を地域資源として活用することも始めた。空き家を活用したゲストハウスや新しい移住者への提供も事業化した。地域で新しいビジネスが軌道に乗るケースでは、そういった地縁がうまく機能する必要もあるのだ。

「成長期」から大ブレイクへ

2012年に起こったことを以下にまとめる。

山崎さんが、周防大島観光協会の理事長に就任。松嶋さんが、観光協会の副会長就任。完全に世代交代が始まり、若手の施策、またUターンやIターンなど、島の外を知っている人たちによる発案の地域振興が拡大し、事業の細かな部分までその意識が浸透していく。

周防大島町定住促進協議会（http://teiju-suo-oshima.com/）が発足。ここで、観光協会をはじめ、「島くらす」、「空き家バンク」、「周防大島町定住促進協議会」と整備され、UターンやIターンの定住促進を官民連携で行う事業が盛んになる。定住促進の動きがネットだけではなく、展示会や交流会を行うようになった結果、その場で実際に会った人たちが周防大島を訪問してくれて、Iターンのきっかけが生まれるようになる。

泉谷さんが、この周防大島町定住促進協議会で「ふるさとライフプロデューサー」として、移住の相談に乗ったり、島暮らし体験の「島時々半島ツアー」の企画を開始する。移住促進イベントに参加者が集まらず中止になる自治体もある中で、このツアーは盛況だ。現在までに20回開催し、223人が参加、32組66人が移住している。

新村さんが、「オイシーフーズ」を起業。新村さんは、松嶋さんに出会い、「瀬戸内ジャムズガーデン」が、周防大島の作物を生産者からフェアトレードで仕入れて商品をつくっている姿勢に感銘を受け、自身も起業を考える。その結果、水産会社を経営している父からイワシを仕入れ、料理人の兄からつくり方を学び、オイルサーディンを製造、販売している。新村さんが、2001年に島にUターンしてから、起業するまで11年。だが新村さんはこうして人と出会い、

（写真提供：3枚とも泉谷勝敏さん）

「島時々半島ツアー」は
いつも大盛況

2013年1月から始まった「島時々半島ツアー（お試し暮らしツアー）」では、地方暮らしの「リアル」が体験できる

町並み散策の様子。
住宅街以外にもさまざまなところを歩く

夜は交流会を開催する

移住後の生活などについて住まいから
お金まで学ぶ講座もある

周防大島でできること、素材を見つけて商品化し、周囲の協力も得て起業した。まさに時間を経て人が変化し、周防大島も変化していく状況を体現しているかのようだ。

大野さんがかかわり、2012年度から起業家教育を開始した周防大島町立東和中学校が、「キャリア教育優良学校 文部科学大臣表彰（平成24年度）」受賞。

2013年、大野さん、起業家支援・キャリア教育の「ジブンノオト」を設立。大野さんは、東和中学校で、模擬会社を設立して道の駅での出店をするという起業家教育をはじめ、次々と周防大島の魅力を子どもたちに知ってもらい、それをどうすれば活かせるかといったキャリア教育を展開している。教育の部門になると、周防大島という町の枠を超えて山口県の行政まで巻き込む必要があるわけだが、そうした動きが確実に広がり始める。

この時期にUターンやIターンなどの移住、起業、情報発信、教育などがそれぞれ連携してうまく機能した結果、加速度的にそれぞれの状況が発展していく。

そして2013年7月、『里山資本主義』が出版される。本書がベストセラーになったことで、周防大島の情報も全国へ拡散する。周防大島への訪問者も増え、カフェなど商業施設も増え始める。

また、「育成期」でもメディアに取り上げられていたが、全国的な評価を得ることで大きな効用がある。全国区、あるいは東京で紹介されると、自分たちが暮らす地域の価値をポジティブに認める人が劇的に増えてくる。地域活性化のためには、外からの目線は重要なのだ。松嶋さんたちへの全国的な評価もまた同じように地域内の意識を変える役割を担っている。

2013年、「瀬戸内ジャムズガーデン」が農林水産省の六次産業化における総合化事業計画の認定を受ける。また同年、経済産業省主催の「がんばる中小企業・小規模事業者300社」に選ばれる。2015年には、中小企業庁主催の「地域活性化100」に選ばれ、「六次産業化事例最優秀賞2015（農林水産大臣賞）」を受賞する。

2014年、大野さんが周防大島町教育委員会コミュニティ・スクール・スーパーバイザーに就任。地域とともにある学校づくりを目指し、起業家教育を進めていく。

2015年7月、『里海資本論――日本社会は「共生の原理」で動く』（井上恭介・NHK「里海」取材班、角川新書）が出版される。

この「成長期」に、地域の新旧の人々の世代融合やUターンやIターンと元々地域にいた人たちが交じり合い、地域共同体の再生が始まる。そういった地域再生の状況が次の段階を生む。「次世代」の教育だ。現状の変化を質的に向上させ、それを持続可能なものにするためには教育が必要だからだ。「次世代」へ、さらなる地域再生を託すには、教育によって「長老世代」と「現役世代」の思いや思想、技術を伝え、つないでいく方法でしか果たせない。

「成熟期」（2016年から現在）

今に続く「成熟期」は、まだまだ過渡期の状態でもある。

2016年、「KASAHARA HONEY」の笠原さんが「はちみつカフェ」をオープン。

同年、山口県立周防大島高等学校に地域創生科が設置。

2017年、大野さんがかかわっている、金融教育全国コンクールで東和中学校の起業家学習が特賞を受賞する。また同じ年に、大野さんは、中小企業庁主催の「創業機運醸成賞」も受賞。

同年、松嶋さんが、「内閣府地域活性化伝道師」に認定される。また「瀬戸内ジャムズガーデン」が経済産業省主催の「地域未来牽引企業」に選定される。

2018年、周防大島町は、「過疎地域自立活性化優良事例表彰」で「総務大臣賞」を受賞した。

同年、大野さんが全国商工会青年部連合会会長顕彰「まちづくり部門」で表彰。「瀬戸内ジャムズガーデン」が農林水産省主催の「ディスカバー農山漁村の宝」を受賞。

大野さんは、「100年続くふるさとをつくる」ことが使命だという。これまでの近現代化の流れで明治時代から続いてきた状況が戦後に崩れた。第一次産業には未来がないと言われた時代が戦後あり、地域からどんどん人が出ていった。しかしその時代に変化が生まれている。今の状況から100年、周防大島や地域の暮らしが循環していくためには何が必要か。それは島に人がいる、地域に人がいるということだ。そのためには、新しい持続可能な地域社会の構築が必要で、それこそが地域活性化の目的だ。そしてそれこそがどの地域でも本来目的としていることでもある。

では、今後100年続くために必要なものは何だろう。それは教育だ。教育によって地域に根づく暮らしを自分たちで考える能力を身につける。また同時に重要なのは、新しい知識や技術を得るために都市部へ学校や就職などのために子どもたちが一度出たとしてもそこで得た知識や技術を改めて島で活かすために戻ってきてもらえるような地域づくりだ。それらの試みが連動して今の子どもたちが戻ってきてくれれば次のフェーズになる。既にそのための教育と地域づくりが、周防大島では始まっている。

周防大島へ注目が集まるのは、産業が成立して、人が訪れ、移住が盛んになり、地域社会が活性化しているからだけではない。教育の重要性が認識され、試みが認められているからこそなのだ。大野さんへの評価はもちろん、松嶋さんをはじめとした町づくりへのかかわり、行政や学校の取り組みへの評価がそれを物語っている。

地域活性化、あるいは地方創生の成功のスパイラルに乗れるかどうかは、教育がその地域の活動にインストールできるかどうかがキーなのだ。100年続くまちをつくるには、人が必要だ。その人を育て、まちに人を呼び込むには教育がいる。そのことを周防大島の取り組みは物語っている。しかし道はまだ途上だ。ただ、この教育の成果が「次世代」に引き継がれたとき、周防大島の新たな100年が始まっていく。

人と情報が集まる「いいカフェ」が重要

ここまでは周防大島のこの20年をたどりながら状況を見てきた。だがそれは周防大島だからできたことなのではないか、といった見方をしてしまう場面もあるかもしれない。しかし、それぞれの地域にも同じようなところはあるだろうし、あるいは、このポイントでうまくいき損ねたといったこともあるだろう。そういったことを検証するため、ここからはそれぞれ個別のポイントをもう少し具体的に見て、考えていきたい。

今、「いい地域にはいいカフェがある」と全国的にも言われている。周防大島にもたくさんのカフェがある。では、なぜカフェが重要なのか。

まず産業として考えたとき、地域にあるものを利用する。それはそこにあって、そこに行かないとないもの、それは食べものや景色など、それぞれの地域ごとに特徴を持っている。これがまず強みになるというのが「里山資本主義」

的な考え方だ。ではそれは何かといって探したとき、例えばよい果物があった。それで農家から材料を買いジャムをつくる。ジャムを売るためにお店をつくったとする。では、カフェを併設しよう。するとパンや飲み物が必要だ。そういうことになれば、パンやコーヒー、紅茶や他の飲み物を手がける人や店が生まれる可能性が出てくる。飲み物に合わせて蜂蜜やレモン、牛乳や砂糖などを使うのに地域の産業の掘り起こしができるかもしれない。こういった産業の広がりをカフェという業態が可能にするのだ。

そしてもちろん産業だけではなく、人が集まる場としてのカフェが重要だ。いい景色の中にあっておしゃれなカフェであれば、訪れてくれる人は多いかもしれない。だがそれ以上に地域の人たちが集い、やりとりが生まれ、情報が行き交う。カフェが文化としてその地域に根づいているかどうかの方がポイントだ。

周防大島で松嶋さんの妻の智明さんの実家がお寺だったことが1つのキーになったと触れた。だが、誰もが寺の関係者であったり、地域に強いコネクションがあるわけではない。では、そういったつながりがない場合は、どうしたらよいのか？　カフェがそういった寺のような機能を持つ場になっていることが多い。

（写真提供：松嶋匡史さん）

「島くらす」の海そうじ
共同作業すると話しやすくなり、交流しやすくなる。
24時間テレビ（日本テレビ）でも紹介された

人や情報が集まり、それが集まっているカフェこそが文化を持った「いいカフェ」であろう。もちろんカフェだけではなく、何か場となるようなところであればそれは可能だ。食事をしたり、休んだり、そして人に出会えてフラットに話ができる。そんな交流を生むスペースが地域には必要なのだ。周防大島の「島くらす」では、今も「海そうじ」という共同作業を行う場を年に数回開催している。地元の人、移住した人、移住しようとしている人が集まり、海の掃除をしながら交流を促す場だ。

では、なぜカフェをはじめ、そうやって人々が集まり情報が行き交うような場が地域にとって重要なのか。地域のことを知ったり、情報を伝えるには、出入りのハードルが低く、関係をつくっていけるような場が必要だからだ。もちろん寺のように既にある地縁や血縁の関係も重要だが、誰もがアクセスできるわけではない。そのとき、例えば地域にカフェがあって、そのカフェがきちんと機能している場になっているかがポイントになってくるのだ。気軽に入っていける場でおしゃべりをしたり、何かをしながら、「あそこの家が空いた」、「土地が使える」、「畑を貸したい」、「こんなものが採れる」、「人が働きたがっている」といったさまざまな情報が行き交えば、寺とはまた違った、ゆるやかでいながら強いつながりを生む可能性を持つのだ。

どうやって地域に入っていくか

今、Uターンをしている人がいない地域などほぼないだろう。だからこそ地域でどのような情報発信がされているかが、地域の状況を知るポイントの1つになる。まず、地域の情報がネットでとれるかどうか。当たり前だが、情報発信しないところには情報も入ってこない。そういうところは閉鎖的な地域である可能性が高い。また情報発信できる人材がいない、もしくは人材が入っていかないような環境ととらえることも可能だ。

もう一歩進めると、ニーズに合った情報があるかも重要なチェックポイントである。例えば移住しようとしている人たちが知りたい情報をきちんと発信しているかどうか。その情報があれば、どういう情報を発信するべきかわかっている人が発信しているということだ。Uターンなどで先に移住した人が情報発信しているかもしれない。そういう人がいる地域であれば、移住したあとも何かあった際相談できる可能性がある。また、移住した人がいて、どういう情報が必要だという認識が積み重ねられている地域だからこそ、そのような情報発信ができているのかもしれない。そういった蓄積がある地域であれば、移住しても対応がきちんとしている可能性は高い。

また観光協会などの地域の団体のホームページにアクセスしてみるのも手だ。きちんと更新され、それが身近な情報まで含めて発信されていれば、若い人がかかわっている可能性は高い。もちろん若い人が運営していれば、開かれた地域かと言えば、そうではない場合もあるかもしれないが、少なくとも若い人がいて、若い人に任せようとしている地域ではある。もちろん若い人がその人しかいなく、その人だけがいろいろなことをさせられている場合もあるかもしれない。しかしその場合は発信される情報が偏ったものになる傾向、つまりその人固有で広がりがあまりなく、質・量ともに限られてくることが多いだろう。

Uターンした人たちがキーになる

そこでまたポイントになってくるのが、Uターンの人たちが活躍しているかどうかだ。

周防大島の状況を振り返ろう。まずUターンで帰ってきた山崎さんたちがいた。その後、Iターンを含め、人が入ってきて、地域の若返りが始まった。松嶋さんと「瀬戸内ジャムズガーデン」が注目を集め、話題になり、紹介されることは多い。だが、松嶋さんとともにそれ以前にUターンした人たちが地域活性化につながる活動を続けてきた。地域と新しく、または改めて暮らし始める人たちの間をつなぐ存在が大きな役割を持ち、活躍している。この土台があるからこそ、周防大島は躍進を遂げたのだ。

その地域のことと外のことを知っていて、地縁という重要な要素をつないでくれるUターンの人たちが、次に入っていく人と地域のコネクションとなり、ハブの役割を果たす。極端なことを言うと、Uターンの人が機能を果たさないと、地域の活性化は始まらないとも言えるのだ。

だからこそ、地域の諸団体の年齢構成などを見ることも移住者にとっては重要だ。先に触れたように若い人が団体にいる方がかかわりをつくるきっかけの点では開かれている場合もある。もちろん年齢に関係なく世話好きな人もいるし、きっかけさえあれば地縁につなげてくれる人たちもいる。ただ、いろいろな人たちを受け入れる土壌がありそうかどうかの可能性の高低は、そういった若い人がかかわっているかどうかに出やすいのだ。

また地縁を得るためにも地域の団体などに参加する必要は移住者にも当然ある。例えば自治会やPTAや子ども会、子どもがいれば子どものつながりも重要になってくる。子どものおかげで地域の関係とつながる機会が増えることは多い。農家であれば婦人会や老人会など、つながりを持つために、いろいろなことが考えられる。仕事の面であれば、農協や漁協、商工会なども地域との関係に入っていくきっかけとして重要だ。

地域と移住者をつなげる人たちとは？

また、人と情報をつなぐという点では、第3章で登場するETIC．のようなNPOの存在はとても大きくなっている。「あの地域のことであれば、誰に聞けばいい」、「あそこの地域であれば、あの人が行ったら合うのではないか」、「あそこの地域にはあの人が今行っているから、この人を紹介しよう」といった具合に、地域のコーディネーターを知り、つなげるのはもちろん、彼ら自身もコーディネーター的な役割を担い、細かな情報を蓄積している。

政府による「地方創生」のかけ声によって、政策はじめ地域活性化の動きは近年高まっているようには感じる。だが急に現地へ行って、何か事業をしようなどといっても始まらない。まずはその地域で何をするべきかを考えないと、失敗する可能性が高いことが、この何年かの経験でわかってきている。そういったある種のマーケティング的な視点と情報の蓄積を持って地域と人をつなぐ役割もETIC．などのNPOが担っているところがある。東京から地方のことを見つめ、応援しているこうした団体が存在していることも今、地域活性化に欠かせない条件になっている。

行政より民間が少し先へ行っている方がいいということは、非営利団体のかかわりからも言えるわけだが、「空き家バンク」や「移住フェア」などの行政が運営する企画の限界にも現れるときがある。

空き家や土地を貸すといっても、貸す側も知らない人に突然貸すハードルの高さや警戒感もある。行政としては、借りる側のプライバシーや資質など、どこまで認識したりかかわることができるかといった問題もある。それが地縁や血縁、またNPOなどが間に入ると、運営を含めてスムーズに進むケースがある。例えば誰かの紹介ということであれば、貸し借りも容易だったりするということだ。周防大島では、実際に松嶋さんが借りた家に、島に越してこようかという人を最初に住まわせるといった例もあった。そこで暮らしながら働いたりして半年や1年過ごしていると、コミュニティでの信用を得て、その人に家を貸そうか、あそこに土地が余っているから貸そうか、畑を譲ろうかといったステップになる。そうやって実績が積まれていくと、地域における移住者全体への門が開かれていくことになり、IターンやJターンの人たちが移住しやすい環境が生まれるのだ。周防大島では、空き家を活用し、「島暮ら荘」という移住前に仮住まいできる施設も設けている。こうして移住者たちに地域コミュ

（写真提供：松嶋匡史さん）

瀬戸内ジャムズガーデンが
「第１回フリーランスパートナーシップアワード」の大賞を受賞。
ETIC. を活用してフリーランス・副業者の活躍の機会をつくった

ニティへの扉を開いているのは、やはり地縁や血縁を持つUターンや嫁ターンの人なのだ。

自治体は、「来てください」といって移住フェアなどでも、成功している人たちの話をする。しかしその成功している人たちも突然飛び込んでうまくいっているわけではない場合がある。多くのケースで地域と移住者を結ぶ人たちがいるのだ。それがUターンや嫁ターンの人たち、地域コーディネーターでありETIC.などのNPO、寺やカフェなどの情報交流を可能にしている人や場の存在である。例えば、空き家を行政から貸してもらったから、いきなりそこへ入っていっても、貸し主はよくても周囲の地域住民の理解がなかなか得られていない場合もある。例えば今、古民家への移住募集の事業をしているNPOでは、地域の側の意見をとりまとめて、移住する側にもオリエンテーションをして徐々に地域に入っていくようにしているケースがある。このように周囲との環境をつくっていくバッファーが必要なのだ。

周防大島の20年から見えてきたもの

今、日本でUターン経験者がいない地域はないだろうと先に触れた。ただ、そう考えると、なぜUターンした人はいるのに、活性化がうまくいっていない地域があるのかと感じる読者の方もいるかもしれない。そのような地域は、この周防大島の20年から自分たちが何を失敗したのかがわかるポイントもあるはずだ。

例えば、家賃や就業への補助をあてにしただけの移住などもあるのではないだろうか。あるいは、以前Iターンで移住してきた人が出ていってしまった経験があれば、受け入れ側にも何か問題はなかっただろうか。もしかしたら自分たちの地域にとっての「胎動期」に、自治体や家主が外部から来た人たちに空き家や土地を貸さないといった事例がなかったか。Uターンした人だけの問題ではなく、そのようなとき、仲を取り持ったり、口を利いたり、又貸しをしたり、そんな働きをする存在がいなかったのではないか。

「地方創生」が唱えられた最初の頃、「1人で行って仲間がいなくて失敗する」というケースがあった。「おいで、おいで」と誘われたので期待して地域に移住したり、かかわろうと行ってみると、他にIターンの人がいない、仲間がいない。そんな状況でうまく根づかなかった例がたくさんあったのだ。

今でも「移住フェア」などで、地域側は条件つきでハードルを上げていないだろうか。「何かをしたら、何かをあげる」、「何かをしてくれないと、入れてあげない」。例えば「まずは1週間こないとダメ」、「家族で来ないとダメ」、「住民票を移さないとダメ」などと言っているような地域へは、移住者も二の足を踏む。そしてそういう施策をとっているところの多くは、行政は懸命に旗を振って移住政策をいろいろと試行錯誤しているけれど、コミュニティ自体が本当に歓迎しているかどうかが見えてこないことが多い。

周防大島では、移住の条件設定より、「優遇し過ぎない」ことに徹している。

その代わり、例えば周防大島町定住促進協議会が開催している「島時々半島ツアー」では、地元医師会が地域の医療事情を説明したり、ファイナンシャルプランナーである泉谷さんが、島に移住して起業した経験を交えてお金の話をするなど、移住を考えている人たちのニーズに対応した内容の情報をきちんと提供するよう心がけている。

もう1つ。やはり仲間がその地域にいるか、いそうか。これが大きい。Uターンが根づいていないところにはIターンは入っても険しい道が待っている可能性がかなり高い。繰り返すように、地域と外をつなぐ、よそ者をつなぐのはUターンや嫁ターンという地縁と血縁を持つ人たちであり、その人たちがいないと、地域の活性化はなかなか進まないであろう。そういった存在がいるのに地域の側が認識できていない、活かしきれていないという場合もある。そういう点を地域側の人も移住しようかと考えている人もチェックしてみると、改めて見えてくるものがあるはずだ。

もし地域へ移住しようか、あるいは兼業や二拠点住居などでかかわって何かしていこうかと思っている読者の方たちは、自分がかかわりたいと考えている地域が、周防大島の歴史で触れた「胎動期」、「育成期」、「成長期」、「成熟期」

のどのフェーズにあるのかという視線でとらえてほしい。

地域の状況が、例えば「この状況であれば、Iターンを受け入れてもらえそうだ」など、すべてが同じではないにしても、周防大島の「胎動期」や「育成期」にはあった環境がある、ない、こういった人がいる、いないといって比較し参照することが可能になってくる。行政やETIC．などのNPOやメディア、企業も含めて、さまざまな情報や事業にアクセスするのも1つの方法だ。地域の受け入れ態勢が、自分のスキルと合っているか。タイミングと合っているか。自分とのマッチングを見ていく必要もある。地域へ行ったときに何か違うと思い、うまく行かなくなるリスクは極力避けるべきであろう。

何もないところで1からイノベーターとしてかかわりたいという人がいても、それはそれで1つの考え方だ。まだ何もない地域の共同体の中へ入っていって、高齢化した地域で活動して、活性化するまでイノベーションを楽しみたいのか。例えば観光協会副理事長が30代の若い人で、移住しても住みやすそうと思える地域で暮らしたいのか。そういった判断をするための目安として周防大島の状況を見て考えることもできる。

ただ、そこで松嶋さんが言っていたことが大切だ。周防大島で地域起こしをしようというのではなく、「ジャム屋をしたい」というビジネス目線で起業したことがポイントとして大きいというのだ。「町づくりをしたい」という認識より、第5章で紹介する実践者の方々のように、まずは自分が地域の中できちんと生業を持つ。このことの方が重要だ。「町づくりをしたい」といって、コンサルタントのように成功事例だけを持ち込もうとしても、上から目線と受け取られることになる。それでは地域に根づかず、長続きしないだろう。どうしてその土地で生きていきたいのか。その思いがなければ、地域活性化が始まることはない。

第3章

人と地域と事業をつなぐ「プラットフォーム」

NPO法人ETIC.

里山資本主義的な生活のハードルが低くなった

「里山資本主義」と名づけた経済活動を営む人たちが同タイトルの本の刊行をきっかけに少しずつ目に入るようになってきていました。目に入るというのがどういう状況かというと、これまでの資本主義と対極に見える里山で暮らすという変革を始めたイノベーターたちが現れ、その中で経済的なサイクルをつくり出して生活を成り立たせることに成功した人たちが出始めた。そういう状況でした。そこに持続可能性を見出した著者の藻谷浩介さんたちの見立て通り、現在では、ある程度その里山資本主義的な経済活動により多くの人が以前よりも身軽に、そして気楽に取り組めるような状態になり始めています。骨を埋める覚悟で新たな実践を試みたごく少数のイノベーターたちから、それに続くアーリーアダプターたちが増え始めているのが現状と言えるでしょう。例えば、移住先と仕事が見つけやすくなったり、移住せずに地域にかかわったり、あるいは仕事先を変えることなく副業や兼業をしたりということが可能になり、里山資本主義的な生活のハードルが下がってきています。

こういった流れを可能にするのは、どういう力が働いてのことでしょうか。

なんらかの理由があったからこそ大きな変化を遂げたわけですが、もちろんその要因は1つではありません。まずは私たち「ETIC.（エティック）」（https://www.etic.or.jp/）の事業の1つから見えてくる話をします。

都市と地方をつなぐNPOの取り組み

ETIC.では、地方企業と都市部で働く人たちを副業や兼業でマッチングする「YOSOMON!」（https://yosomon.jp/）という事業を2016年から運営しています。現職を辞めることなくスキルを活かして地方企業の課題解決に参画できるプロジェクトを紹介するサイトです。このYOSOMON!を使い、山口県周防大島町の瀬戸内ジャムズガーデン（http://jams-garden.com/）の人材のマッチングをしました（第2章参照）。その結果、都内上場企業勤務の野島拓也さんとのマッチングが成功しました。

野島さんにはそのスキルを活かして、瀬戸内ジャムズガーデンのウェブマーケティングを支えるコンサルティング的な仕事に就いていただく予定でした。それが2018年の10月、周防大島と本土をつなぐ大島大橋に貨物船がぶつかり、橋は破壊され、ライフラインが寸断されます。そのため、瀬戸内ジャムズガーデンの代表・松嶋匡史《まつしまただし》さんが中心となり、さまざまな生産者の方たちと協力して周防大島の加工食品を使った周防大島応援セットをつくり、販売することにします。

当初、瀬戸内ジャムズガーデンの仕事をする予定だった野島さんも販売のためのウェブサイトを構築したり、SNSを駆使した広報活動といった業務を一手に引き受けることになりました。みなさんの協力によって応援セットは完売し、野島さんはその後、瀬戸内ジャムズガーデンのウェブマーケティングの改善などを手がけて活躍されています。野島さんは周防大島へ移住されているわけではありません。しかし瀬戸内ジャムズガーデン、また周防大島、そしてそこでの仕事に魅力を感じ、貢献したいという思いを強く持たれ、とても楽しんで仕事を続けられています。

この野島さんのお仕事のされ方には、里山資本主義的な経済活動はもちろん、里山資本主義を活かしたこれからの生き方や働き方が指し示されています。また、どういった要因が働き、それを可能にしているのかも見えてきます。では、野島さんがこの仕事に応募するにはどういった要素が必要と考えられるでしょうか？
まず、野島さんご自身が現職の他にどこかの地域や仕事にかかわりたいという思いを持っていらっしゃること。そして、その思いをより喚起し、実現してくれるような実践を続けている瀬戸内ジャムズガーデンという存在。その瀬戸内ジャムズガーデンを立ち上げられた代表の松嶋匡史さんの思い。その思いを実現させた周囲の方々と周防大島という土地。また商品を購入してくださるお客さんたち。野島さんが瀬戸内ジャムズガーデンの仕事を知るための情報とそれを拡散させる環境。そしてその情報を整理して案内し、両者を結びつける装置。野島さんの考えを受け入れ、実現化を支援する現職の企業。挙げていくとキリがないほど、さまざまな要因があります。

これらをまとめていくと、地方の産業と大企業のかかわり方、副業・兼業、都市部と地域との交流、定住・移住・交流人口や関係人口といった対比や観点、里山資本主義的な生活を活かした社会が見えてきます。さらに、こういった状況や環境を用意する私たちの意識の変化、その意識を反映した社会の変化と、それらの変化を受けてニーズに応えるＮＰＯや企業などの組織や技術の変化も見えてきます。この技術の変化は、私たちの思いの変化とそれを実現させようという意思の変化にも大きく寄与していると言えるかもしれません。それがどういうことかというと、例えば、ETIC．が活動を開始した1993年にはなかった、インターネットの誕生と普及、発展が世の中の考え方、暮らしに大きな変化を生み、影響を与えていることなどが挙げられます。

情報が地域と人を結びつける

地域の魅力を発信して拡散していくには、インターネットとSNSの発達はとても大きなインパクトがありました。

さらに生産者が消費者にダイレクトに商品を販売する際にもテクノロジーの進化は多大な影響を及ぼしました。

とれたばかりの農産物や水産物の写真をスマートフォンで撮って、インターネット上に写真と情報をアップすれば、すぐに商品として販売することが可能になったわけです。インターネットが社会に与えた変化は絶大で、価値観の変化に対応したサービスもあれば、これまでは見向きもされなかったようなものや考え方などにも価値を見出し、意識を変化させる動きも出ています。

地域の中でしかそのよさを認識されていないものや、逆に捨てられてしまっているような食材などを使い、商品化や事業化している地域の取り組みも増えています。具体的な例は後で触れていくことにします。

三重県尾鷲市の「夢古道おわせ」(http://yumekodo.jp/)という海洋深層水のお風呂とランチバイキング、古民家カフェを主な事業としている施設があります。「ここだけ・これだけ・いまだけ」がコンセプトですが、地元のお母さんたちを3地域のグループに組織して、週替わりで料理をつくってもらい、1400円でランチバイキングを提供しています。そこでしか食べられない地元のお母さんの家庭料理を食べてもらうという取り組みで、それこそ市場には出ない、あるいは捨てられてしまうような魚なども調理して出していて、年間10万人も来店されています。

アクセスも決していいところとは言えない場所ですが、それだけの来客数がある要因としては、インターネットなどでの口コミやSNSの発達が大きく寄与しています。とはいえ、さまざまな魅力を掘り起こして、それをきちんと発信できている点も大きな側面です。いくらインターネットで紹介されているからといって、興味がわかないところ、魅力がないところへ、人はわざわざ出か

（第３章 写真提供：ETIC.）

「夢古道おわせ」のランチバイキング

けていきません。

ランチ事業によって、地元の若い人たちもあまり食べたことがないようなお母さんたちの郷土の料理も残していけるし、地元の食材も活かせる。地域の横のつながりも強くなります。また、例えば地震が起こると津波の可能性も高い地域ですから、もし津波が来たとしても、普段からチームで料理をしていれば、避難所などで大人数の炊き出しもできると、地域のセーフティネットのような役割も担うことになっています。

地域の足元にある価値と魅力を伝える

現在、消費者のニーズは多様化しています。画一的な商品やサービスだけではなく、自分だけ、あるいは、その地域ならでは、といった特別な価値を求める人も多くなってきています。

また生産者側も、これまでは、人口が多く消費が盛んな都会や都市の要望に合わせ、安定供給することが収入を増やすと考えてきました。そのためのノウハウや情報を提供して、生産者と消費者をつなぐ役割を担っている組織や団体、企業もあります。ところが今は、地域の側が地元の特徴や文化をうまく残すことで、それらを強くていねいに打ち出し、より高品質な商品やサービスを提供することへの意識が高まっています。地域の価値を経済価値へと変換して稼ぐ「地域商社」と呼ばれる存在も増えています。

高知県四万十町の「株式会社四万十ドラマ」(http://shimanto-drama.jp/)は、そのさきがけ的な存在です。「四万十川流域の資源を活かした」ものづくりをコンセプトに、通販を含めた物品販売や商品開発、カフェ運営を行いながら、そこで得たノウハウを活用して他の地域への支援事業なども手がけています。

「四万十ドラマ」の商品

支援事業は、代表の畦地履正《あぜちりしょう》さんが全国行脚してノウハウを伝えています。情報が拡散しやすくなった分、細やかな人間関係が重要になる場面もあります。また、地域ごとにそれぞれの特性や問題が違いますから、インターネットで情報が広がるだけで問題解決ができるというわけではありません。自分たちの経験や実践を文章にまとめて、ネットや本で情報発信して読んでもらえば、誰もがすぐにできるというわけではないのです。地域ごとに環境はもちろん、つくれる農産物やそれをどう活かすか。どういう商品や事業ができるかといった具体的な状況はそれぞれ違いますから、まるでフランチャイズのように同じような規格のものがどの地域でもつくれて、提供できるというわけでもなければ、すぐにどこででも同じようにできるわけではないのです。これがもう少し前であれば、逆にフランチャイジーのような方法を採っていたかもしれませんが、今そのようなやり方をしていては、価値を新たに生み出すことはできません。今は地域に合わせてどういう施策を採るべきかを考える方がよいということに気がついている人が増えているのです。

また畦地さんは、「あしもと逸品会議」という活動をされています。ここでは、四万十ドラマの活動コンセプトの「地域の足元にある価値を見つめ」る必要をずっと説いています。地域の価値や魅力は足元にあるわけだから、地域ごとに見つけて、どう事業や商品にしていくか。具体的にそれをどのように展開していくか。それらを学ぶ会を開催し、全国からたくさんの人が集まっているのです。こうして多様性を持った人材が集まり、人と情報が交わることで互いの価値を高めていく取り組みを行っている「プラットフォーム」も増えています。

プラットフォームとは？

では、そもそもプラットフォームとはどういうものでしょう。

すぐに思いつくのは、その頭文字を並べて「GAFA」と呼ばれる、アメリカ企業のグーグル、アップル、フェイスブック、アマゾンです。まさにこれらの企業は、インターネットを介して生活のプラットフォーム＝基盤となるサービスを提供しています。プラットフォーマーたちは、インターネット上での検索やコンテンツ配信、情報発信や通販といったサービスを提供しながら、利用者がインターネット上でそれらのサービスを利用することによって収集した情報を使って広告表示をしたり、その情報を販売することで収益を上げています。つまり情報はもちろん、人やモノやお金をつなぎ、よりそのつながりを増幅させていく機能を持ったものとでも言えるのではないでしょうか。

では、里山資本主義的な活動にとってのプラットフォームとはどのような働きや場であり、どのような組織や企業が運営しているのでしょうか。

まず、初期の、里山に骨を埋めるつもりの覚悟を持って入っていったイノベーターというのは、ややもすると「変わった人」と思われていたのではないでしょうか。ほとんどの人が里山での生活と経済活動に持続可能性など見出していない状況でしたから。

そのイノベーターたちがインフラと呼べるようなものもほとんどない状況の里山での生活と経済活動を切り開いてきた時代とは異なり、現在はある程度一般の人でも里山資本主義的な生活にアクセスできるようになりました。イノベーターのストーリーというのは刺激的ですが、それと同じようなことを自分たちがすぐに実践できるかというとなかなかそうはいきません。それをアシストしてくれるような機能をプラットフォーマーと呼ばれる組織や企業は提供しているのです。ただ、それを「プラットフォームが登場した」と大々的に表現するのは少し違うかもしれません。

里山資本主義的な暮らしを後押しして、加速・増幅させる機能を持っている組織や企業が、人や事業どうしを結びつける場や環境をつくっている。それが「里山資本主義」におけるプラットフォームというもののイメージには近いように考えています。例えば、起業や地方の産業の再構築を助けよう、もしくは人と人、事業と事業を結びつけようと考え、支援の取り組みを進めていくと、結果として、人や事業どうしを紹介したり、情報をまとめたりと、あれもこれも必要だという話になり、それらを実現化するための企画や事業を展開していくことになります。NPOもそういった存在です。そうすると、それらがいつの間にかまとまり、プラットフォーム的なものになっている。それが今、里山資本主義的な生活を支える動きになっているのだと考えています。

『里山資本主義』が出版された頃は、パイオニアたちの時代ですから、「里山資本主義」のためのプラットフォームとはどういうものなのかといった議論もなければ、それを考えようという発想すら当然ありませんでした。「里山資本主義」自体がその先どうなるかわからなかったわけですから。それが現在、意識の変化と参加していく人たちの増加、そして実践も積み重ねられ、情報が増加するとともにサービスも進化や増加を遂げ、その拡散のスピードアップも同時に起こっています。そのような面的な変化が起こっているからこそ、プラットフォームが続々と登場しているのです。つまり里山資本主義的な活動を後押しするための基盤としてのプラットフォームが数多く生まれ、それについて論じる状況にあるということ自体が大きな変化であり、「里山資本主義」が一般化するタイミングが来つつあることを示しているとも言えるのではないでしょうか。

里山資本主義の始まりを支えたコーディネーター

こうして振り返ると、コーディネーターの存在も里山資本主義的な考えや活動が広がる際に大きな役割を果たしていたと考えられます。まさにコーディネーターは、里山資本主義的な動きが出始めていた当初から、その動きを支える働きをしていました。地域に入っていく人たちを助けるそれぞれの地域のコーディネーターを結びつけたり、地方で起業したい人を支え、育成したり、都市部と地域の結びつきを支援してきた活動は、プラットフォームと言えるでしょう。

ＥＴＩＣ．は、１９９３年に学生団体としてその前身である、「学生アントレプレナー連絡会議」を設立し、活動を開始しました。当時の主な活動は、大学生と起業家たちとの交流の場をつくることでした。起業している経営者たちの話を直に聞くことで、企業に就職するという選択肢だけがすべてではないことを学生に知ってもらい、自身の生き方の選択肢を広げるきっかけにしてもらおうとの考えからです。この考えや姿勢は、設立から25年以上経った今も私たちの活動の中心にあります。

その後1997年に事業体へ移行し、2000年にはNPO法人認証を受け、NPO法人ETIC.が誕生します。ETIC.は、「創造的で活力に溢れ、ともに支え合い、課題が自律的に解決されていく社会・地域を実現」させることを使命と考え、その使命を実現させるべく、「変革の現場に挑む機会を通して、アントレプレナーシップ（起業家精神）溢れる人材を育む」活動を続けています。このETIC.という法人名も、「Entrepreneurial Training for Innovative Communities」の頭文字を取ったもので、その使命と活動を表しています。

その当時から四半世紀にわたり、起業を目指す人材や起業家、あるいは企業や行政や大学、また若い世代やその親世代を含めさまざまな人たちとかかわり、多種多様な考え方や生き方に触れてきました。その結果、地方で起業を考える人はもちろん地域でさまざまな活動を行ったり、情報を集積したり発信するコーディネーターの方たちとのつながりが生まれ、各地の地域コーディネーターたちを結びつける活動を継続することができたのです。

ETIC.も事業を始めた当初の90年代には、「変人集団」と言われていました。「里山資本主義」の始まりの頃と同じように、当時は起業家支援などという事業はユニークなことだったのです。しかしその後、ITベンチャーの勃

ETIC. 代表理事
宮城治男

ETIC. の仲間たち

興に伴い、東証マザーズなどの新興市場ができました。この新興市場というのは、起業家たちが資金を調達するための証券取引所として機能していますから、彼らの起業を資金面からサポートするプラットフォームとも言えるわけです。新興市場が創設される以前から起業家支援をしてきたＥＴＩＣ．からすると、このようにごく少ないイノベーターや「変わった人」たちの活躍によってその後の環境が変化していく場面に立ち会うことは珍しくありません。

　今でこそ政府が「地方創生」を政策として掲げたことで、一般的な取り組みになっていますが、地域での挑戦の機会を創出するコーディネーターたちは目立たないものの以前から存在していました。先に触れたようにETIC．では、そのコーディネーターたちの協働・相互支援のための「チャレンジ・コミュニティ・プロジェクト」（https://www.challenge-community.jp/）を２００４年に開始しています。さらに地域コーディネーターはじめ、起業家の支援、地域の事業支援や副業・兼業のマッチングなども行っています。このような活動を継続していると、近年になって、地域の中、それも里山で活動しようという人たちが増えてきた実情がよくわかります。

地方に限らず人材育成や事業支援を続けてきた立場から見ると、地域の衰退への危機感やそれを改善しようという動きのこの何年かの広がり方はとても大きな変化です。初期のごく少数の人たちが里山で活動し始めた状況から、徐々にそういった動きが浸透し始め、世の中に広がり、一般化する状況が、「里山資本主義」にも起こっているといえるのです。

ＩＴの普及とともに一般化が始まった里山資本主義

プラットフォームというと、インターネットの誕生と発達によって情報がお金を生むというシステムをより強固にした側面も指摘されます。GAFAなど、マネー資本主義的な世界のものという印象も強く、里山資本主義的な世界観と相容れないようなイメージがあるかもしれません。ただ、テクノロジーの発展のおかげで新しい経済活動も可能になり、情報が広がりやすくなったことが一番の成果です。そのおかげで、人やモノ、経済活動が活発になり、既にインターネットは社会基盤の1つになりました。ITは一般化して経済活動だけでなく、人々の価値観の変化にも寄与しています。

里山資本主義的な現場のためのプラットフォームは、必ず何か具体的な事例と一緒に立ち上がってきます。個人の意思から始まっていることがとても多く、儲かりそうなビジネスモデルを考えて、そのためにシステムをつくるといった形にはなっていません。個人的にこういう社会がいい、こういうサービスがあれば助かる人が多くいる、そういうことを実現したいという思いをもとに試行錯誤した結果、実際のサービスが立ち上がり、それが例えば他の地域でも展開できるとなれば、それを紹介したり、結びつけたりという流れが生まれ、結果的にプラットフォームと呼ばれているわけです。

ＥＴＩＣ．の活動目的は、未来をつくる人たちのコミュニティであり、そのために個人の意思がきちんと社会に反映され、地域の多様性などを残すことを目指しているわけです。そういう社会を実現していくために活動を続けることが「里山資本主義」におけるプラットフォーム的な活動にもつながっているわけですが、こういった意識はＩＴベンチャーにも実は共有されているのです。人の欲望を反映して、より便利に、より効率的にという技術革新の考えの基本にあるのは、社会を豊かにしようというものです。当然そういった考えのもと、ＩＴの技術も生まれました。ただ、その急速な発展にはお金儲けをしようという人たちもいろいろな局面でかかわることになります。その結果、どうしてもマネー資本主義との近接性を感じてしまうかもしれません。しかし、ＩＴの技術を使ったベンチャーの技術が人々の生活や経済を動かし、社会の中に浸透して一般化しました。そしてその技術が浸透した今は、文化や自然への関心など、多様な価値観を重視する人やそうした価値観を社会の中に根づかせようとする人たちが、どんどん増えています。そういった流れは、里山資本主義におけるプラットフォームと同じと言えるのではないでしょうか。

プラットフォームの今後は

今、インターネットはライフラインの1つになっているわけですから、大きな力を持っています。SNSなどのサービスも「里山資本主義」はもちろん、私たちの活動の大きな助けにもなっています。GAFAやヤフーなどのプラットフォームも力を貸してくれます。ITの技術が一般化した証左です。

情報が流通して、人を呼び込む側も、参加したい思いを持っている人も、事業を起こそうと思っている人も、それをフォローしたり手伝ったりする組織や企業も、それぞれが交流していくことで間口が大きくなっていきます。自分だけで考えるよりは、こういう生き方もある、働き方もある、こういう事業がある、参加の仕方があると、さまざまな接点をつくってくれるものがあると、広がっていく可能性は高くなります。その術がインターネットを経由して増えたことで、潜在的に元々存在していた思いと結びつきやすくなったのです。

学生であろうと、社会人であろうと、さまざまな情報をどうやって得るかというと、「地域 兼業」と検索して、ETIC．のことを知ってくださる方がいるように、インターネットの力は大きいのです。他のプラットフォームへの入口も、インターネットの検索によって知ることがほとんどではないでしょうか。あるいは、フェイスブックやツイッターなどのSNSで情報を得たという人たちも多いです。その結果、手を挙げやすい環境がどんどん生まれてきています。にわとりと卵のどちらが先かのような状況で発展してきているとも言えます。

つまり、プラットフォームとは、人やモノ、情報やお金を結びつける触媒のようなものです。しかしこれだけ多くのプラットフォームが存在してくると、今後はきっとまた変化が生まれるでしょう。これまではプラットフォームが生まれるまでがイノベーションでした。それがこれからは、プラットフォームをつなぎ合わせ、相乗効果が得られるようなキュレーションの価値が高まってくることになると考えています。

プラットフォームが技術の導入を容易にする

それでは「里山資本主義」におけるプラットフォーム＝基盤になっているのはどういった働きを持った組織や団体、企業でしょうか。具体的に見ていきましょう。

まずは、「Sagri」(http://sagri.tokyo/) です。ＡＩ技術を利用して、個人であろうと企業であろうと、農業に参入しやすくするサービスを提供しています。どうしても職人技のような部分がある農業ですが、それを農地と作業を情報化してビッグデータを分析することで、個々の環境に合った農薬や肥料の適切な使用量の情報を提供しています。

このプラットフォームによって農業へ参加するハードルを下げ、人を農業へとつなげているわけです。使う側には特別なスキルは必要なく、農地をＧＰＳで計測して、日々の作業をアプリで打ち込むと、最適な情報を教えてくれるのです。テクノロジーの発展によってＧＰＳのコストが下がったことで可能になった面がこういうところにも現れています。

プラットフォームについて１つ見えてくるのは、その働きを昔からしている組織なり企業が実はあったということです。以前であれば、農業や漁業の支援をしていたのは、農協や漁協です。もちろん今も農協や漁協は支援をしていますが、もっと個別に技術革新もうまく使い、新たに農業に参入する人たちにとってのハードルを下げているのが、Sagri のようなプラットフォームの動きです。こうして技術の導入が容易になることで、その技術を用いて作業効率が上がれば、さらに違った作物をつくることもできるし、あるいは時間に余裕ができれば、違う仕事をすることも可能になるかもしれません。また、逆に違う仕事をしている人でも農業に携わりやすくなる可能性も生むというわけです。

人の移動やシェアリングエコノミーを促進する

例えば移動や宿泊、あるいは仕事を探す上でも里山資本主義的な動きに対応するプラットフォームがたくさん出てきています。これは、シェアリングエコノミーという考え方が発達してきたことも大きいでしょう。シェアリングエコノミーは、人やモノ、家や場所、乗り物など、インターネットを介して貸し借りや交換することで共有し、資源を活用する経済の仕組みです。

民泊のためのプラットフォームである「Airbnb」(https://www.airbnb.jp/)が開設されたのは2008年ですが、日本で劇的に流行し始めたのはこの2、3年です。インバウンドの増加に対し宿泊施設の絶対数や供給が追いつかず、民泊が認められたことが大きな要因です。東京には宿泊施設が足りず、地域にはそもそも泊まる所がない状況に対して、民泊の需要が非常に高まったわけです。そういった状況に対して民泊のためのプラットフォームが次々できたため、多くの人の意識が変化して、ホテルのような宿泊施設ではなく、民家や空き家に泊まることへのハードルが下がったのか、あるいはそういう宿泊の方が楽しいと思う人が増加したのか、いろいろな意識の変化があるのではないでしょうか。

また、「株式会社ガイアックス」(https://www.gaiax.co.jp/)は、さまざまなソーシャルメディアを展開する企業ですが、相乗りマッチングアプリの「notteco」(https://notteco.jp/)、外国人の自宅で外国の料理や文化を学ぶ「Tadaku」(https://www.tadaku.com/)、さまざまな地域でさまざまな人たちの暮らしを体験できる「TABICA」(https://tabica.jp/)などを運営しています。

これらの事業はシェアリングエコノミーや地域や他者との交流を促進するプ

ラットフォームと言えるでしょう。

そのガイアックスの社員でシェアリングエコノミー協会常任理事の佐別当隆志《さべっとうたかし》さんが、「ADDress」(https://address.love/)という、定額制で全国どこでも住み放題の多拠点コリビング(co-living)サービスを始めています。こういったプラットフォームを利用して、人が移動したり、経験したり、住む場所を変えていったりすることで、自分たちの価値観を新たにつくったり、生き方を決めていくことが可能な状況が生まれてきています。

さらに民泊のさまざまなプラットフォームの中には、その違いを明確に打ち出し、差別化を図っているところも存在しています。「社会の無関心の打破」を理念に掲げ、社会問題の現場へ行くスタディーツアーを開催している「リディラバ」(https://ridilover.jp/)、知らない地域でお手伝いをしながら自分にとっての特別な場所にしていくための旅を提案している「おてつたび」(https://otetsutabi.com/)など、地域や場所へのかかわり方の多様性を生む旅や暮らし方を紹介するプラットフォームもあります。

また、1971年にイギリスで設立された、長い歴史を持つNGO「WWOOF」が、日本でも1994年に活動し始めています(https://www.

wwoofjapan.com/main/index.php?lang=jp）。有機農法で運営している農家での農業体験をしながら、ホームステイをするといったシステムです。福島の農家で働く方がいたりと日本国内でも活用されています。

こうして働き方や移動や旅の仕方を変化させるようなプラットフォームができたことで、地域の側にもメリットが生まれました。情報が人と地域を結びつけ、そこにお金も生み出すわけですから、自分たちの工夫や情報発信の仕方次第でビジネスが成立する環境は、かつては考えられないもので、大きなインパクトです。この現在の状況は、人々の意識と社会構造の変化が新たに起こりつつある過渡期であることを示しているのでしょう。

地域の価値を消費者に直接届ける

地域側のメリットを最大化するために、生産者が地域の多様性を売りにしたさまざまな商品を、都市の消費者たちへダイレクトにつなぐプラットフォームも多くなっています。こういった活動は以前であれば生協が担っていましたが、「ポケットマルシェ」（https://poke-m.com/）や「魚ポチ」（https://uopochi.jp/

info/）などのプラットフォームの誕生でよりダイレクトに生産者と消費者、あるいは店舗がつながれる状況が生まれています。

これらの生産者と消費者をつなぐプラットフォームでは、例えば既存の流通には乗らない、港に揚がったばかりの珍しい魚が買えたりします。これまでは捨てられていたような魚であっても、きちんと消費者に食べ方を説明したり、食べやすく加工して直接購入できるようなサービスをつくれば、大きな価値が生まれる循環ができ始めているのです。

企業による社会課題解決への取り組みからの発展

石川県七尾市の「株式会社御祓川」（https://misogigawa.com/）も同じように地域の価値を高めようという考え方を持っている地域商社です。七尾市の中心を流れる御祓川の清流と周辺のまちの賑わいを取り戻すことを目的に活動を始めています。店舗のリノベーションや運営サポートに人材育成をはじめ、講演会の開催や講師の派遣、視察も多く受け入れていて、横のつながりを広げる試みを続けています。

またその御祓川の社長・森山奈美さんの弟である森山明能さんが「キリン絆プロジェクト」の第1弾として、事務局長を務めている「Third Kitchen Project」(https://www.kirin.co.jp/csv/connection/chiiki-kassei/) も、里山的な活動と企業や行政との今後のつながりの可能性を考える上で参考になります。

キリングループは、CSV (Creating Shared Value：共通価値の創造) という社会課題の解決と企業の経済的価値を両立させる活動に取り組んでいます。キリングループは、東日本大震災のあと、復興のために何かできないかと、「復興応援 キリン絆プロジェクト」を始めました。このプロジェクトでは、東北の食を支援するという目的で、地元の農業や漁業などの支援をしました。その後もそのCSVとして「健康」、「地域社会」、「環境」という3つの社会課題に取り組んでいます。こういった企業とのかかわり方もさらに今後は増加していくものと思われます。

そのCSV活動を全国に展開しようとした結果、最初にこのThird Kitchen Projectを立ち上げることになりました。七尾の漁師さんや農家さんと、当初は東京のシェフが七尾へ通い、協力して能登の食材を使った料理をつくることで、地域の食材の魅力を伝えようという活動でした。また、料理を食べるためのツアーを企画したり、キリングループの社員の方が通ったりと、交流人口や関係人口の増加といった、里山資本主義的な試みが続いています。生産者と料理人のコミュニティをつくり、そこに企業や行政や地域のプラットフォームが加わり、さらには消費者へつないでいくような活動は、今後の里山資本主義の潮流の1つになるはずです。

副業・兼業のための求人サイト「YOSOMON!」

働き方の変化を生んでいるということでいうと、副業・兼業が今後は地域とのかかわり方を多様なものにしてくれる可能性を高めると考えています。冒頭で少しご紹介しましたが、地方企業と都市部の社会人を副業・兼業でマッチングする求人サイト「YOSOMON!」での事例から考えていきたいと思います。

まず、YOSOMON!設立の経緯と状況を説明します。元々、ETIC.では、東日本大震災のあと、「右腕派遣プロジェクト」という、復興のためのリーダー支援事業を運営していました。東京をはじめ、いろいろな地域の民間企業などで働いている約270人の方々が、仕事を辞めて被災地に入っていき、そこでリーダーの右腕として活躍されてきました。そういったキャリアの積み方が、東北以外の各地にあってもいいのではないか。起業家的なキャリアを応援する機能を各地域に増やしていくための支援をするのがETIC.のミッションですから、そのためにもYOSOMON!をスタートすることにしました。

ETIC.は、先に触れたようにチャレンジ・コミュニティ・プロジェクトという、よりきめ細かな人材育成を各地で行うためのネットワークづくりを現在も続けています。この活動によって、私たちと一緒にチャレンジする人たちはもちろん、チャレンジできる現場や機会を増やしていくためのコーディネーターたちとの相互支援のためのプラットフォームをつくることができました。2012年からは、「日本全国！地域仕掛け人市」、「地域コーディネーター養成講座」といった、より多くの人が地域に入っていくきっかけづくりや、地域側の人材を受け入れる力を高める活動も始めています。これは、チャレンジ・コミュニティ・プロジェクトを続けてきた結果であり、それらの活動を続けたことによって、地域に根差した各地域の企業の人材発掘や、事業支援を続ける地域のコーディネーターたちとのつながりを強固にすることができました。彼

副業・兼業の求人サイト YOSOMON!

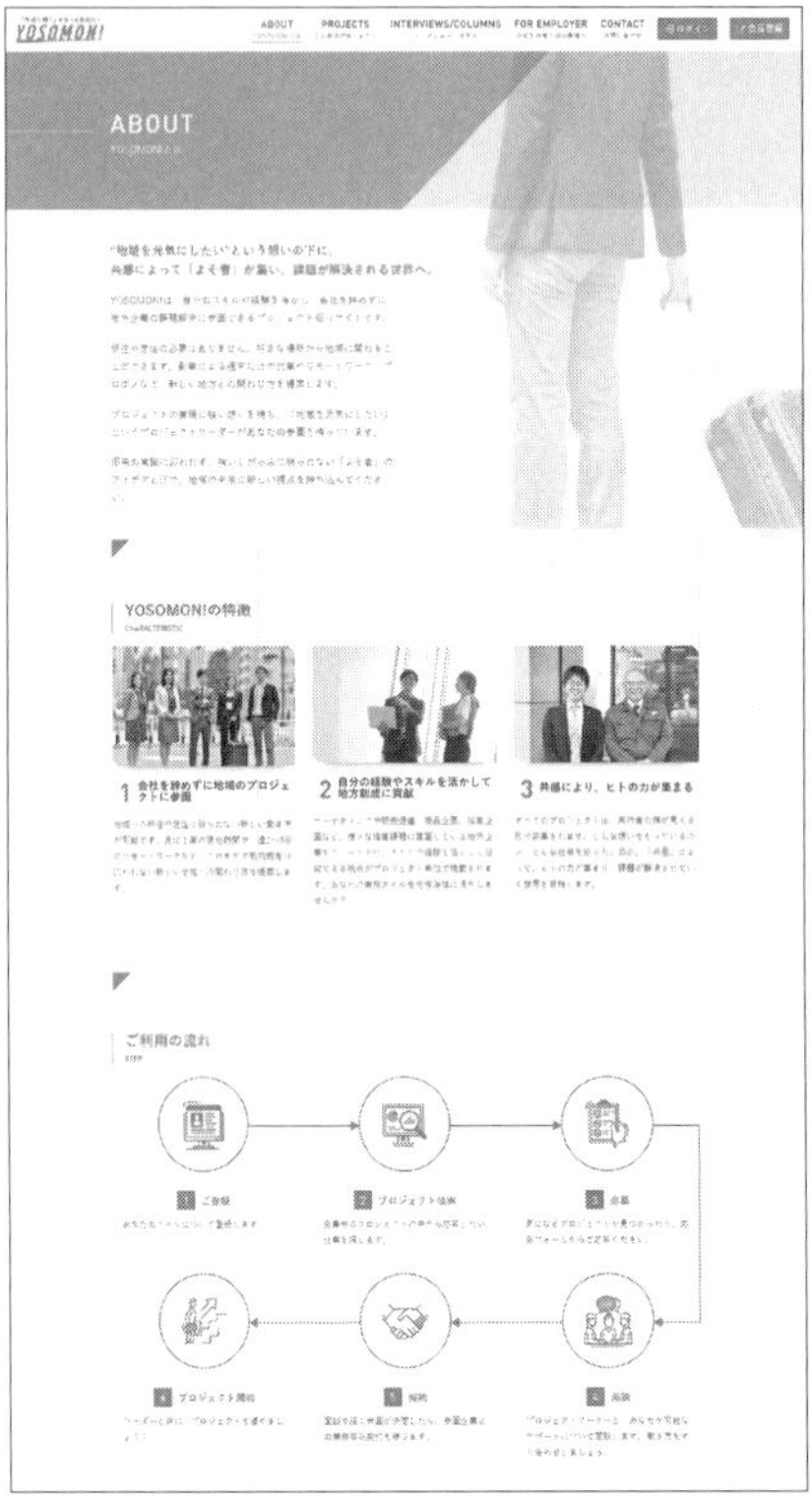

https://yosomon.jp/

らは当然、地域の企業をよく知り、強いつながりも持っていますので、彼らと一緒に新たな企業を開拓していく活動をしています。繰り返しますが、こうした活動が「里山資本主義」の動きを支え、活発にする触媒になったとも言えるのではないでしょうか。

地域との多様なかかわり方ができる副業・兼業

一方、外部の人だからこそ、元々その地域にあるけれど、気づかれていない価値に気づくこともあるだろうという考えも持ってYOSOMON!を進めており、そういう観点を合わせてさまざまなキャリアを持つ方々とのマッチングを進めています。

そこで紹介したい方がいます。岩手県洋野町の水産加工の「株式会社ひろの屋」(http://hirono-ya.com/)で、1年間の期間限定で地域のブランディングの計画支援や経営に近いポジションで働くキャリアを提案していた方です。その方は、野口進一さん。野口さんの経歴を紹介します。東京大学を卒業して、映像技術会社の株式会社IMAGICAへ入社。その後、アイルランドに留学してＭＢＡを取得します。そしてＩＭＡＧＩＣＡの海外子会社を設立したりと大活躍をしながらも、「なんのために働くのか？」ということを考え続け、ＹＯＳＯＭＯＮ！の募集をインターネット経由で知り、応募してくださいました。

ＩＭＡＧＩＣＡの社長はとても驚かれて慰留されたのですが、結局、社会貢献や地域の事業にかかわりたいという野口さんの思いは強く、ＩＭＡＧＩＣＡの仕事にもかかわりながら、株式会社北三陸ファクトリーの立ち上げにも携わりました。

一昔前の価値観で考えると、野口さんの選択肢はほぼあり得ないでしょう。もっとお金儲けをすることもできたでしょうし、大企業でのキャリアをあきらめて、所属していた会社との仕事を続けながら、まったく土地勘もない地域での仕事を兼業する、そんなキャリアはこれまでの社会ではほとんど考えつかないものです。しかしこういったキャリアチェンジが可能になりました。もちろん野口さんは特殊な存在であるかもしれませんが、ＹＯＳＯＭＯＮ！で今、副業・兼業のマッチングに取り組んでいると、どんどん多様なかかわり方のバリエーションが増えてきていることを実感します。

そしてその野口さんがもう１つ取り組んだのが第４章でも取り上げられている広島県福山市での戦略推進マネージャーという仕事です。

副業・兼業限定で人材を募集した福山市

福山市では2017年、副業・兼業限定で戦略推進マネージャーを募集しました。この募集の窓口は転職サイトの「ビズリーチ」(https://www.bizreach.jp/)が担当しました。ですからビズリーチも人や情報やお金を動かしている点でプラットフォーム的な働きをしていると言えます。

この福山市の取り組みは、全国初の民間人の副業・兼業での公募ということでかなり話題になり、反響も大きかったです。元々1人だけの予定に対して応募者数が多く、結局5人の方が採用されました。やはり今、そういった機会や仕事を欲している人は潜在的に多く、インターネットなどで公募をより可視化して情報を行き渡りやすくすると、広まり方や応募数が目に見えて増加するようになっています。

また、応募された方たちも現職に不満があるから違う仕事をという理由ではなく、自分の能力や技能をより活かすために、マルチな場面に対応するのが当然といった考えを持っている人が多くなっています。どれか1つだけの仕事や生活のあり方を選ぶのではない生き方を選択する人が増えているのです。今はプロボノという、プロフェッショナルな知識を活かしたボランティアなど、自分の能力を多面的に活かす人たちが増えています。また、自分が働く上で大切にしている価値観により近い領域や現場で働きたいと考えたとき、仕事をすべて変えてしまう人もいれば、経済的な事情もあり、なかなかすべてを変えるような転職ができないといった人もいます。理由はそれぞれでしょうけれど、副業・兼業であればハードルが低いですから、現職に足場を残しつつ自身のこれからを見定めようと動いている人たちもいます。

来てくれる人たちと迎え入れる側のマッチングをどうするか

2018年は兼業・副業が本格的に認められ始めた元年と言われていて、2019年はビッグバンの年とも言われました。そういう言葉で評される状況は、やはり加速度的な変化が起こっていることを示しています。ただ、そうは言っても1人の人間が2つの仕事に携わることで、その人の中で混乱が起こったり、バランスが崩れるケースもあるでしょう。現職と副業・兼業との主従の関係が逆転して現職からフェードアウトすることになり、結局副業の方が本業になることもあります。先程触れた東日本大震災後に行っていた「右腕派遣プロジェクト」では、1年という契約期間で募集をかけ、マッチングした方たちに現地に入ってもらったのですが、約7割の方たちが東北にそのまま定着されました。同じ組織にそのまま残ったり、新たにプロジェクトを立ち上げる人がいたりと、みなさんその後も活躍されています。

あるいは期待して里山的な仕事に就いたり、副業・兼業を始めても、うまくいかなくて続かない場合もあります。その要因もいろいろと考えられるのですが、やはり期待からのズレが生じていることが一番の原因ではないでしょうか。例えばお金を稼ぎたいと思っている人が、思うほど儲からなかったりすると、当然難しい状況になります。また、副業・兼業の場合で、企業側がどういう仕事を働く側に求めているかが曖昧な状態で募集していたりすると、採用された人の能力とのミスマッチが起こったりします。互いの期待がうまく合わないため、「思っていたのと違う」という状態になるわけです。そういう場合もあり得ますから、現地をよく知るコーディネーターの果たす役割が大きいのです。双方の間に入り、互いの受け皿になってアドバイスや調整をするコーディネーターがいることで、互いの情報や考え方の整理ができ、齟齬が生まれにくくなります。

例えば、里山的な仕事や生活をしようと現地へ行く人たちにとって、行く前に情報収集が可能になるのは、現地にコーディネーターがいて、地域の多様なニーズが可視化されているからです。そこから情報が発信され、それらの集積がプラットフォームを形成したり、プラットフォームがそれらの情報を媒介することになります。こうして情報と人がつながるようになっていくのです。迎え入れる側は、どういったことを来てくれる人たちに具体的に依頼するのかなどを決める必要があります。そのような要望を明確にして、行こうとする人と迎え入れる側のお互いの情報の非対称性を解消していくのがコーディネーターの大きな仕事です。そういったコーディネーターの仕事をより広範に伝わりやすくしているのが、プラットフォームの機能の1つだと考えています。

お金だけではない報酬

YOSOMON!での副業・兼業のマッチング事例から興味深い取り組みをもう1つ紹介します。宮城県石巻市の「フィッシャーマンジャパン」（代表理事：阿部勝太 https://fishermanjapan.com/#/information）は、漁師を「新3K＝カッコいい、稼げる、革新的」な職業にしようというコンセプトを打ち立て、2024年までに三陸に多様な能力を持つ「フィッシャーマン」という新しい職種を1000人増やすことを目標にしています。漁師という仕事についての情報発信はもちろん、なり手の募集や新しい漁業の開発に地域の情報発信、魚のインターネットでの販売やイベントを仕掛けたり、東京都中野区で直営の居酒屋「宮城漁師酒場 魚谷屋」（http://uotaniya.fishermanjapan.com/）を開いたり、さらには朝早くから仕事をしている漁師ならではの、漁師からのモーニングコールサービスを始めるなど、さまざまな事業を展開しているプラットフォームです。

このフィッシャーマンジャパンのマーケティングや広報の仕事を副業・兼業で募集したのですが、謝礼をお金の他に季節の旬の魚で払う提案をしました。「魚払い」ということです。

一般的なアンケートでは、副業・兼業は副収入を得るための仕事といった回答が高い割合を占めています。今回のフィッシャーマンジャパンの人材募集のプロジェクトは、そういった仕事と収入の関係についても考えさせられるものでした。この仕事をしたら単純にいくらの報酬を払うということではなく、私たちのこういった事業を手伝ってほしい、ついてはその貢献に対して薄謝と自分たちの成果をお送りするというのは、労働にモノで応えるわけですから、ある種の物々交換です。しかし、それでも地域と交流して貢献したい、おもしろそうだと手を挙げる人たちが多くいるのです。里山里海の豊かな資源を資本として流通させることで経済が動いていく変化と、地域と人の関係が生まれ、そこに貢献することに価値を見出す人たちが増えていることを実感しています。

従来のパラダイムとは異なる価値観の誕生

ここまではプラットフォームを中心に「里山資本主義」のさまざまな動きを見てきました。それらの具体的な動きの背後には何があるのでしょうか？　それは、世界的な価値観の変化です。ここからは、その変化がどういった流れで起こっているのかを考えることで、「里山資本主義」の今後についても見ていきたいと思います。

お金がお金を生み出す「マネー資本主義」と対極をなすような意味が、「里山資本主義」には込められています。しかし「マネー資本主義」と一言で言っても、19世紀から20世紀の世界は、その原理が発達したことで私たちの生活のさまざまな領域における発展が遂げられてきました。それが変化してきているのが現在です。もちろんお金がお金を生み出すという意味をよく考えてみると、投資があるからこそ、企業がそれを活かし経済活動が行われるわけですし、起業するにしても資金というものは欠かすことができない要素です。お金が必要だという事実は否定できませんし、社会が変化してきているといっても、お金からお金が生まれるという現象は変化せず、「資本主義」というシステムも崩れるわけではありません。お金が流通することで経済が動くといった基盤が変化することなく、それ以外の大きな動きが現れ、その割合が増し、多様化する状況が強くなってきているのです。とはいっても、その変化が特別に新しい動きではないとも言えます。これまでの歴史の中でもお金以外のものが社会の動きを担ってきた部分はあったわけです。

まず、「資本」と呼ばれるものが何かという前提が変化してきているところもあります。工場などの生産設備自体や、それらさまざまなものを生み出すための元手となるお金が資本と考えられていますが、人と人との関係性の方に重きを置く人や環境が新たに生まれ始めているのです。つまり、人間関係もまた資本だということです。新たに生まれている、とも言えますし、そういう資本が元々あることに改めて気づき、それを大事にして活かそうという人々が出てきているとも考えられます。これは、ソーシャル・キャピタル（社会関係資本）と呼ばれる考え方があり、そこから派生しているとも言えるでしょう。ソーシャル・キャピタルとは、社会や地域での人間同士の信頼関係や結びつきのことで、この社会関係資本が大きな社会ほど、互いへの信頼が強いため、協力が得やすく、さまざまなことが円滑に進むと考えられています。

この関係性の重視や再構築への意識をはじめ、お金などの資本以外の資本に価値を見出す人が増えています。特にＥＴＩＣ．にかかわっている大学生や高校生をはじめとした若い世代の間では、従来の資本主義が目指し、積み上げてきた価値観とは異なるパラダイムで生き始めている人に多く出会います。もちろん私たちの組織に興味を持ってくださる方々ですから、多少のバイアスは避けられないとは思いますが、多くの若い人たちは、従来のパラダイムとは異なる価値観でものを考え、行動し始めていることを強く感じています。

若者の意識の変化がつくる強い流れ

ＥＴＩＣ．では、学生が1か月ほどの期間、地域企業の経営者やリーダーたちとともに経営課題や課題解決に取り組む「地域ベンチャー留学」（https://cvr.etic.or.jp/）という取り組みを行っています。２０１1年のプログラム開始当初は、地方から東京の大学に進学して、地元がある学生たちが、自分の地元にかかわりたい、あるいはどこかの地方にかかわって将来的に起業したり仕事にしたいという意識で多く参加していました。ところが最近は、参加する学生たちの半分以上が東京出身者です。彼らは、「友人に帰省先があるのがうらやましい」、「夏休みに帰る場所もない」、「東京や埼玉、千葉以外には行ったことがないから、他の地域に触れてみたい」、「地方に可能性を感じる」といった話をしてくれます。大学生の変化は特に顕著なものを感じています。

もちろん大学の講義でも、地域の力をどう活かすかといった内容が徐々に増えてはいます。大学側や先生の中にも地方行政や地方創生といった課題に対しての問題意識が高まっていることも感じます。しかし大学はあくまでも研究と教育が目的であり、アカデミックな理論を教え学ぶことが主体の場所ですから、地域に貢献する方法も企業と同様ではなく、大学としての役割がありま す。それでも地域の最新の情報は現場にしかありませんから、大学としては情報を得て理論に落とし込む考察をするためにも、現場との交流ができる環境をつくってうまく活用したいといった考えを持っているところはあります。ただ、やはり現場は実践が何より優先することも多いので、その中で大学が果たす役割も今後変化していくのではないでしょうか。

大学の現状も変化していますが、まだまだ過渡期という状況ですから、大学の変化より、若い人たちの感度の変化の方が先に行っているのが現状です。

若い人たちと行動をともにして話をしていると、「勉強をして、いい大学へ行って、大きな会社へ入って、高い給料を貰って、老後は保障されて安泰。そのためにがんばらないと」といったある種の幻想を相対化している人が増えていることにも気づきます。もちろんそのような考え方がなくなったとは言いません。そういう考え方や生き方があり、それを目指し、できる人もいるであろうけれど、自分はそういう考え方や生き方には惹かれないという人たちに多く出会います。また、「お金は大事で、あった方がいいけれど、地球や環境は大事だし、田舎暮らしの方がいい」といった、まさに里山資本主義的な考えを持っている人たちも多くいます。つまり若い人たちの考え方が多様化していて、実際にその多様な考えに基づいた生き方を選択し、実現できる環境が生まれてきているのです。

一方、そういった変化に対して学校教育や親の側の子どもに対する期待値は、いまだに過去を引きずっている部分があるのも確かです。いい大学へ行って、大きな会社や安定した仕事に就いてほしいという親が多数派であることは今も変わらないでしょう。また、「親が反対するから」といって既存の企業などへの就職を選ぶ学生も確実にいます。しかしそうでない人たちが増えてきていることもまた事実です。親と学生の関係も変化しています。親の反対があっても、信念を持ち、「地域で働きたい」、「NPOに就職したい」と学生たちがきちんと説明すると、親も理解してくれることも、あるいは両親がそのような仕事を勧めたり、親が既にNPOの経営をしていたり、社会起業家であったりする世代が登場してきたりもしています。

そのような考え方を持つ若い人たちが増えているからこそ、彼らの存在を企業も無視できなくなってきているのです。また旧来のシステムだけでは、今後の成長が見込めないことへの気づきも生まれ始めています。双方の変化の流れが合致した結果、例えば副業・兼業を認めていくといった動きも出始め、その動きはここにきて急激に強くなっています。このようにさまざまな変化の兆しが現れ始めているところに今、私たちは立っているのです。

こういったパラダイムが変化してきている中で、里山資本主義的な考え方というのは大きな意味を持ち、今後より強い流れになっていくのではないでしょうか。

SDGsは里山資本主義と親和性が高い

また、「里山資本主義」というのは、世界的な流れとも合致しているところがあります。例えばSDGsは、「里山資本主義」との親和性が非常に高い考え方です。このSDGsは、2015年の国連サミットで採択された「持続可能な開発のための2030アジェンダ」に記載された国際目標です。「持続可能な開発目標」という意味で、2030年までに実現化しようという17の大きな目標と、それを達成するための具体的な169のターゲットが設定されています。その17の大きな目標の中には、「エネルギーをみんなに そしてクリーンに」、「働きがいも経済成長も」、「産業と技術革新の基盤をつくろう」、「住み続けられるまちづくりを」、「つくる責任　つかう責任」、「気候変動に具体的な対策を」、「海の豊かさを守ろう」、「陸の豊かさも守ろう」といったものがあり、「里山資本主義」の考え方とかなり近いものがあります。

今、このSDGsが、日本の企業でとり上げられる機会がとても多いのです。ある会合で出会ったアメリカ人から、「日本人は、SDGsが好きだね」と言われたことがあります。アメリカでもその重要性はとり上げられるけれど、日本ほど話題にはなっていないというのです。日本人が元々持っている価値観とSDGsの目指す世界観とは重なる部分が多く、日本人にとってしっくりくることが多いのではないでしょうか。日本では、マネー資本主義的な価値観より、自分が働くことで社会に貢献し、よりよい世の中をつくっていきたいと考える人の方が多数派なのだと思います。自分がどのように仕事に向き合っていくかを考える上で、仕事先で何かできることがあればしたいといった思いを持っており、企業もそれに合わせて取り組もうという意識が高まっているのでしょう。

あるいは企業側から見ても、「人的資本」という観点を取り入れ、従来から経営に活かそうとしてきた面があります。これは企業の従業員たちの経験や技術もまた資本であるという考え方ですが、個々人の能力が上がれば、企業全体のクリエイティビティや活力、競争力も上がるわけです。もちろん企業内での経験や研修などで能力を高めるという方法もあるわけですが、経験が能力の向上につながるのであれば、さまざまな業種や仕事などでの経験や技術を得ることでより活かされる能力があるかもしれません。そう考えたとき、里山資本主義的な副業・兼業というのは、企業から見ても魅力的なものであり、その価値観は無視できないでしょう。多様な働き方は認めざるを得ないし、それを取り入れていく方が生産性は上がり、それぞれのパフォーマンスが高くなるという循環に気づき始めている企業も出てきています。

しかし、気がつき始めているとはいえ、まだその段階であるのもまた事実です。まさにアーリーアダプターが増え始めているのが今で、敏感に先手を打って動けている人がそれほど多いわけでもないのが現状だととらえています。それでも10代から30代の若い世代が、新しい動きが生まれている状況の中で、これまでの歴史や慣習、しがらみに囚われず、社会の構成員として活躍の場を得始めています。従って企業もその存在を無視できなくなってきているのです。そういった背景があり、変化が顕在化し始めているのではないでしょうか。

東日本大震災で顕在化した意識や価値観の変化

また価値観というのは、変化し続けるものです。もちろん急に大きな変化として現れる場合もありますが、それでも変化というものは常に起こっており、あの地点が大きな変わり目だったというのは、未来から過去を見たときに言えることであって、私たちは常に変化の渦中にいるのです。戦後から高度成長期、そしてバブルの頃とその崩壊後では、生き方や働き方、お金やモノに対する価値観は、大きく変化しています。

特にバブル崩壊以降、日本の経済成長は停滞が続きました。最近は、戦後の高度成長期のいざなぎ景気を超える経済成長と言われ、確かに求人率や新卒学生の就職率は高いですが、その実感には乏しいです。また、1995年の阪神・淡路大震災、2011年の東日本大震災と大きな自然災害が起こり、近年ますます自然災害は各地で頻発するような環境になっています。従来の資本主義における経済成長にはあまり希望を感じられず、所得が増えることへのプライオリティは高くない状況で、自然災害への対応など、環境への関心は高まり、生き方や仕事、お金やモノに対する価値観は変化して多様化しているのです。

さらに広く見ていくと、戦後、高度成長を果たした日本では、物質的には恵まれた環境ができ上がりました。便利なものがほとんどの家庭生活の中に行き渡り、バブルの時期にはお金のあり方が変質し、そのバブルがはじけ、物質的な豊かさとお金についての価値観が変わり始めていたと思うのです。その後に続く就職氷河期やリーマンショックなども後押しをしたかもしれません。しかし変化がずっと続いているにもかかわらず、社会のシステムの方は変化せず、意識や価値観の変化が水面下で潜在的に進んでいた。それが東日本大震災以降、発露して顕在化し始め、現実に合わせて行動に移す人たちが出てきたのでしょう。それが、「里山資本主義」という現象へもつながっているととらえています。

時代状況の動きに応じた人々の価値観や社会の変化、テクノロジーの発展とインフラの変化などが複雑に絡み合い、個人がパワーを持ち始めた結果、従来のシステム、例えば資本主義をはじめとした枠組みや組織から多様な個人の価値観が自由を得始めているのです。その個人の意思を活かす場として里山里海があり、「里山資本主義」へとつながってきているのです。そして、これまではそのような意思を持って里山資本主義的な行動をする人たちがほとんどいなかったわけですから、里山里海に関するマーケットが新たに生まれました。そこに生じるさまざまな情報や交流や課題に対応するプラットフォームなどのサービスもまたさまざま立ち上がっているのが今です。しかしそれらが今後どういった形でスタンダードになっていくかについては過渡期の現在、予測がつきにくいところではあります。

企業・行政との新しい連携

今後を見据えて、企業の動きにも新しいものが出始めています。社会の変化に合わせて企業も変化していかないといけない、あるいは変わらざるを得ないという認識が生まれているのは確かです。

2018年、ETIC.は、9社の企業とともに「and Beyond カンパニー」というコンソーシアムを発足しました。これは東京オリンピック・パラリンピック、SDGsを契機にして、ソーシャル・イノベーションをつくり出し、継続していくための土壌を耕すための事業です。「意志ある挑戦が溢れる社会を創る」ことを目的として掲げており、異業種の企業や団体、行政や個人の枠を超えてそれぞれをつなげていく試みです。ですから、かかわってくれている企業は、副業・兼業、プロボノとしてそれぞれの枠を超えて社員がプロジェクトに参画できるよう、就業規則の見直しなどをはじめ、さまざまな協力、試みを推進してくれています。例えば、and Beyond カンパニーの事務局には、ＰｗＣコンサルティング合同会社から兼業的な形でプロボノとして参加してくれている方、大手通信会社の有志のボランティアとして参加してくれている方がいます。

また、行政にも変化の兆しがあります。人口減少や地方消滅などといった問題が現実的になっており、危機感を持っている自治体が増えてきているのです。

地方創生の先進地域である島根県雲南市（http://www.co-unnan.jp/）は、２００４年に6町村が合併してできました。雲南市では、「地域自主組織」による地域づくりを進めており、住民のアイディアを活かして、少子高齢化などの社会課題の解決に自律的に挑んでいます。また、地域の中で医療人材（看護師）が住民と交流しながら関係をつくり、予防医療に取り組む「コミュニティナース」が始まるなど、若い人たちの挑戦も増えている市です。２０１９年、その雲南市と、株式会社竹中工務店、ヤマハ発動機株式会社、そしてＥＴＩＣ．

が、連携して地域課題解決と事業創出を目指すプラットフォームをつくる協定を結びました。

里山資本主義的な動きを積極的に取り入れている自治体の雲南市に大企業が組み合わさって、社会課題に取り組む。これ自体もかなり大きな社会的変化ですが、今回の連携には、従来の「受発注」という関係性を超えた、新たな意味があります。

企業の側としては、「ソーシャルチャレンジバレー構想」という、雲南市における、社会課題解決に向けた実験的な試みに積極的にかかわることで、今後の経済活動に何が活かせるか、どう活かせばいいかを模索しているわけです。地域の新しい暮らしを自治体と企業が連携して取り組み発見していくことで、今後のそれぞれの活動をより円滑に進めていけるようにという狙いがあります。しかし中長期的に見ると、業績としてプラスが出るような試みになるかもしれませんが、もちろん中途で失敗したり、時代状況が急速に変化し過ぎて事業に活かすことができない可能性も秘めているわけです。そういう意味では企業の経済合理性には合っていないかもしれません。

ですが、こういった取り組みに積極的な企業が出てきているわけです。例えば竹中工務店は、「健築」（https://kenkou-kenchiku.jp/）というキーワードで、「これまでの空間づくりやまちづくりの枠を超えて、誰もが健やかで、心豊かに生きていける場所を築いていく活動」をしています。竹中工務店は、「and Beyond カンパニー」にも参加してくださり、担当者が雲南市に視察やワークショップで出向いている内に、雲南市の取り組みに惚れ込み、会社側に出向を申し入れ、それが認められました。

その記者会見の席で記者から質問が出ます。この出向は、竹中工務店が雲南市でなんらかの仕事を得るための取り組みなのか、といった内容です。従来の経済合理性に則った「受発注」ありきの関係に対する考え方からは、そういった質問が出るのは当然でしょう。しかし竹中工務店は、「答えのない問いに一緒に向き合っていきたい」といった回答をしていました。つまり、そういった「答えのない問い」に向き合い、これからの社会について考えていかないような企業には、未来はないと考えているということなのです。

竹中工務店は、株式公開をしていません。そのため、至近の売上を重視するような株主の圧力といったものがあまり強く働かないこともあり、そういう中長期的な視点で今後の自分たちの事業への取り組みが可能になっているところはあるでしょう。しかし、それでも企業のあり方が随分変化していることが、これらの動きから見てとれます。

そして、竹中工務店の社員の方が自ら行政への出向の希望を申し出て、それを会社が認める。会社が業務命令で派遣したわけではないところに、企業と個人の関係が随分変化していることも感じます。

また、こういった関係をつくっていく座組の中で、今までは黒子に徹していたNPOのETIC.が表に名前を出して協定を結ぶような状況になっていることもまた大きな変化だと考えています。これまでも企業と自治体が組む、自治体とNPOが組む、NPOと企業が組むといったパターンはよくありました。しかし企業も自治体もこれまでの常識から離れ、経済合理性だけで動いていないETIC.というNPO法人が加わることで、その三者による活動のニュートラル性を担保し、今までとは違う広がりや動きの可能性を求めたのでしょう。今後は、このような三者が組んで行う事業が増えていくのではないかと考えています。

事業の資金調達はクラウドファンディングで

さらに人手不足が言われる中で、企業の側にも優秀な人材を集めるためのブランディングの面から、自社の活動を見直すといった考えもあると思います。これまでもメセナやCSRをはじめとした社会貢献事業はあったわけですが、SDGsなどへの取り組みや、副業・兼業の解禁など、改めてもっと地に足がついた取り組みを始めているのではないでしょうか。そういった取り組みをきちんとしないと、多様な人材が集まらなくなるのではないか。そういう危機感を持つ企業も出てきているのです。

ただし、ETIC.が普段接している学生や社会人の方たちは、マイノリティ側の人たちであり、アーリーアダプターであって、社会に広く目を向けると、「いや、やっぱり収入でしょう」という人たちが多いのも現状です。

それでも今までのイノベーター層しか地域には関心がなかったところから、段々とアーリーアダプターたちが増え、里山資本主義的な活動が広がってきていることは強く感じます。従って今後それがもう少し増えると、ある閾値を超えて一気に広がるタイミングがあるのではないかとも考えています。また時代の流れに乗って、企業がどんどん副業・兼業を認めた場合も、それをする人としない人に分かれるでしょう。あるいは、安定を求めて企業に就職した人たちの中でも、副業や兼業を始めることで、そちら側の魅力に目覚め、生き方を変えていくパターンもあり得ると思います。それでも里山や里海とのかかわり方、副業・兼業といった仕事の仕方の変化はとめられないでしょう。

そこで今、もう1つプラットフォームで大きな意味を持ってきているのが、例えば、「READY FOR」(https://readyfor.jp)、「CAMPFIRE」(https://camp-fire.jp/) や「Makuake」(https://www.makuake.com/) といったクラウドファンディングです。地域商社の四万十ドラマでは、2018年、道の駅の指定管理業務を終えるにあたり、新たに自分たちで店舗などを構えるため、クラウドファンディングで1000万円以上の資金を調達しました。

これまでは、何か事業を起こすとすれば、銀行から借り入れたり、株式市場で資金を調達するということが一般的な企業の運営方法でした。そのオルタナティブが、NPOなどによる事業でした。それがさらに別の考え方と行動様式で自分たちの事業や取り組みを行うために、クラウドファンディングという資金調達方法によって、それを実現し運営していくという道ができました。個人であれ、組織であれ、何か達成したいことがあり、事業化したいことがあり、チャレンジする際、ていねいな説明を心がけ、共感を得ることができれば、リソースの集めやすい環境が生まれています。それは資金面だけではなく、人材集めに関してもそうです。ETIC．のYOSOMON！もそういう環境から生まれたものです。

社会課題の解決こそがお金を生むというパラダイムへ

このように「里山資本主義」のプレーヤーをはじめ、私たちのようなNPOもリソースを調達するためのプラットフォームが増えたのは確かですが、成功不成功にムラがあるのも事実です。ETIC．自身はクラウドファンディングのコンサルティングのような支援はしていませんが、例えば私たちが人材募集の協力をする際、一番大事なことは、多くの人たちに共感が得られるかどうかという点です。事業を起こそうとしている人がなぜその活動をしようとしているのか。そのためにどうして手伝ってくださる方々の力が必要なのか。どのような助けを必要としているのか。このような訴えをきちんと伝えられるかどうかが、人を集められるかどうかの分かれ目になっていると考えています。確かにそれぞれのプラットフォームの得意不得意、ユーザー数の多寡など、条件の差異についても織り込まざるを得ないでしょうが、最終的にプロジェクトをうまく進めるためには、発信する側の熱量に共感を集められるかどうかが重要です。

もちろんＥＴＩＣ．もＮＰＯだからといって熱意ですべてが運営できるとは考えていません。賃金が低いより高い方がいいのは当然ですし、きちんと資金を得て、社会の課題解決を加速させていくことが、私たちの本来の目的です。そのためにも人材は重要です。ですから人材募集の際、よりよい人に来てもらうため、報酬や待遇をどうするかは重要な問題です。里山里海とのかかわりや仕事にも同じような問題があり、気持ちとしては参加したいけれど、金銭面の条件が問題で折り合いがつけられず参加できないと考える人たちもいるでしょう。そこをつなぐ知恵として、副業・兼業であったり、かかわり方の多様性もまた生まれてきているのだと考えています。現地に行ける人は行ってもらい、行けない人たちにはどのようなかかわり方をしてもらうのか、もらえるのか。あるいはどのようなサポートができるのか。それらさまざまなかかわり方が実行できる環境が生まれれば、持続可能な仕組みになるのではないでしょうか。そういった環境をつくるための橋渡しをしているのがプラットフォームの1つの役割でもあります。

さらには、そういった里山資本主義的な経済活動や生活をはじめ、多様なかかわり方が生まれることでより社会課題克服へとつながると考えています。それは大きな意味を持ちます。そういう多様な生き方や経済活動の流れが大きくなることで、社会課題解決の仕事は社会貢献であってお金にはならないというパラダイムから、社会の課題解決に取り組むことこそがお金を生むというパラダイムへと変わっていくからです。企業の側も社会課題の解決こそが事業に結びつき、それを消費者はもちろん株主や投資家も評価し、資金の調達がうまくいき、企業の価値も上がり、株価が上がるという循環へと状況は変化していきます。その過渡期にあり、加速度的に社会が動いていく可能性がある今、多様性や里山里海の自然資本を活用した社会関係資本の再構築によって、社会課題を解決していくことの意味や意義、持続可能な社会へ貢献していけることを、「里山資本主義」のプレーヤーはじめ、私たちもきちんと認識し伝えていく必要があります。

第4章

「ふるさと創生」から「地方創生」へ

――自治体はどう変わったか

吉田雄人

人口減少社会が到来した日本の現状

1億2808万。みなさん、この数字が何を示すかわかるでしょうか。見出しに「人口減少社会」とありますから、「日本の人口」を指しているのではないかという想像はすぐにつくことかと思います。では、それが「どのような意味を持つか」というと、なかなか想像がつかないかもしれません。この1億2808万という数字は、2008年の日本の総人口です。そして、この1億2808万をピークにして、日本の人口は減り始めるのです。

1920年に国勢調査を始めて以来、日本の人口は戦争の惨禍を挟みながら、増加を続けてきました。それが今から10年前、人口が減少し始めたのです。2019年3月時点の概算値は、1億2622万人で、2053年には1億人を下回ると推計されています。

人口減少がもたらす課題の1つに、生産年齢人口の減少が挙げられます。この生産年齢人口というのは、15歳から64歳の人口のことです。それ以外の、0歳から14歳は「年少人口」、65歳以上は「高齢者人口」と呼ばれています。生産年齢人口の推移に注目が集まるのは、社会を支える側（「担税力ある世代」

などと呼ばれます）として期待されている年齢の方たちがどのくらいのボリュームで存在しているかがわかるからです。高齢化が進むに従って、介護や医療など、いわゆる社会保障の負担は増加し、それを誰が背負うのか、あるいは背負い続けることができるのかといった不安が社会的にも広がり、今後の大きな課題になっています。

では、ここ5年の日本の人口推移の状況を見てみましょう。５年間で15歳を超えた若者は５９７万人。それに対し、65歳を超えた高齢者は１０１１万人（２０１０年と２０１５年の国勢調査に基づく）。生産年齢人口は15歳から64歳と世代の幅が広いので、全体の割合だけで見ると急激な変化を感じにくいのですが、こうして比べてみると、高齢化のスピードに愕然とします。

しかし藻谷浩介氏は、「一部の地方では、すでに高齢化そのものは問題ではなくなってきている」と指摘しています。どういうことかというと、例えば人口が今でも増加している東京都は、この5年間で転入増加分も加味した総人口は35万６０００人増えましたが、65歳以上の人口は38万３０００人も増えています（75歳以上は23万２０００人）。一方、島根県ではこの5年間に２万３０００人の人口が減少しました。65歳以上の人口は１万７０００人の増加（75歳以上は、３５００人の増加）で止まっています。さらに基礎自治体を見てみると、島根県の隠岐郡海士町では、この5年間に21人の人口が減りました。しかしその人口減少を上回り、65歳以上では６人、75歳以上では38人の高齢者の方々が亡くなられています。つまり現在は、すでに高齢化社会のピークを終え始めているところが地方では出てきているということです。そのような状況の地方で経済圏や医療介護体制を成立させられれば、持続可能なモデルとして生き残ることができる、ということです。

そのためにも今後、「子育てしながら働く若い世代を呼び込む」「無病息災で天寿を全うする高齢者を増やす」「来訪・滞在・短期定住する外来者を増やす」といった施策の方向性や具体的な内容が大事になってきます。ただ、残念ながら地方創生の呼び声はあっても、実際の地方自治体の現場での地方創生交付金は、国から自動的に滴り落ちてくる新しい財源程度に受け止められ、雲散霧消してしまっているケースが散見されます。そのような状況を改善し、課題を解決していくためにも、この章では、国による地方活性化の歴史を紐解いた上で、現状の課題を明らかにし、個別の自治体での取り組みを取り上げます。それらのさまざまな取り組みを参照することで、これからの地域社会のあり方を探っていければと考えています。

竹下内閣の「ふるさと創生」

国による地方自治体の活性化施策の変遷については、1988年の竹下内閣による「ふるさと創生関連施策」までさかのぼることができます。その後、小泉内閣での「地方分権改革」、鳩山・菅・野田内閣での「地域主権改革」、安倍内閣での「まち・ひと・しごと創生事業」（いわゆる地方創生事業）まで連綿と続いてきています。

政権交代を挟んだことで、その思惑には多少の差異があるかもしれませんが、地方自治体に対して道路や橋などをつくること以外の活性化施策を、政府が模索し続けてきていることは確かでしょう。ただ、それが期待通りの効果を上げてきたのかどうかについては、評価が分かれるかもしれません。

まず注目すべき点は、既に1988年の段階で行われた竹下内閣の取り組みの正式名称が「自ら考え自ら行う地域づくり事業」だったことです。人口に膾《かい》炙《しゃ》した「ふるさと創生」は通称です。一般によく知られている、地方交付税の交付団体に対して、一律に1億円を配るという事業は、その使い道については条件をつけることなく、自由とされていました。これは、竹下登氏が1987年の自民党総裁選挙出馬に際して掲げた政策構想の1つが実現化したものです。その主張である東京への一極集中型の国土づくりを改め、生活と活動の本拠となる「ふるさと創生」を実現することが必要である、という主張から生まれた政策なわけですが、具体的には「住宅の充実、土地対策、多極分散型の国土づくりと日帰り可能な交通網の整備、一省一機関の地方分散や遷都、イベント開催、自然環境の保全」などが取り組みとして提唱されていました。

では、その実際の使われ方はどのようなものだったのでしょうか。

具体的な名前を挙げることは現在の市民の名誉のためにも避けますが、「しんきろう発生器」などというものを開発した自治体もありました。しかし、しばらくすると代替フロンを使うことへの批判や稼働コストが高いことから展示は取りやめられ、実際に使われることもほとんどなかったということです。それこそ、蜃気楼のように消えてしまいました。また、ある自治体では「日本一長いすべり台をつくろう」ということでつくったものの、完成して3日後に日本一の座を奪われてしまいます。まさに企画が滑ってしまったといった話です。一方で、北群馬郡榛東村のように、そのまま基金として預金し、15年間で

6000万円の利子所得を得た自治体などもあります。

悲喜こもごもといった使われ方ですが、のちに竹下登氏は、こう述懐したと言われています。「これによって地域の知恵と力がわかる」。事業の正式名称が「自ら考え自ら行う地域づくり事業」であったことを思い起こしてみると、その趣旨が広く地域に行き渡っていたのかどうか。自分の地域がどのように「ふるさと創生交付金」を使ったのか、ぜひ調べてみてください。

小泉内閣の「三位一体の改革」

その後、2001年からの小泉内閣では、地方分権改革が行われます。この改革は、財源と権限を自治体に下ろすという名目で行われたのですが、実際は自治体財政をさらに厳しくさせるための取り組みでした。

この施策が三位一体改革と呼ばれたゆえんは、「国税から地方税への税源移譲」「補助金の廃止・削減」「地方交付税の見直し」を一体として改革し、国と地方の財政関係を分権的に改めることを目的としていたためです。この取り組みが実際に行われた3年間（2004年—2006年）の結果を数字から見てみると、地方への税源移譲は3兆円進みましたが、補助金が4・7兆円、地方交付税が5・1兆円削減されます。国の財政再建のツケを地方に押し付けた形になったとも言えます。

地方六団体（全国知事会、全国市長会、全国町村会、全国都道府県議会議長会、全国市議会議長会、全国町村議会議町会）は、税源移譲について、「これまでにない画期的な改革」と評価しますが、個々の自治体としてはそれまで以上に財政運営に苦しまなければならない状況に追い込まれました。地方分権には財源の移譲を伴わなければならない、という共通認識は国と地方双方にあります。なぜなら権限を執行するには必ず人件費その他の出費を伴うからです。しかしこの三位一体の改革以降、権限・財源の移譲に向けたその交渉の過程で、地方が押し切られて過度の負担を強いられるケースが目立つようになりました。

「平成の大合併」と政権交代

あわせてこの時期に押し進められたのが、「平成の大合併」です。1999年に合併特例法が改正される前に3232存在した全国の市町村は、特例法の期限の2010年には、1727まで減ってしまいます。「消滅可能性都市」

などと呼ばれる前に消滅してしまった自治体が1500もあったことになります。その功罪はここでは触れませんが、ふるさとが消えてしまった寂しさを昇華させる仕組みは、今も必要とされているのではないでしょうか。

その後、政権交代を経た民主党政権では「地域主権改革」が一丁目一番地と言われました。ただ、「地域主権」という言葉にこだわり過ぎたあまり、野党からの反発が強く、法律の文言としては「地域の自主性・自立性を高める改革」と変更し、「地域主権改革一括法」は呼び名にとどまることになりました。結局、正式には「地域自主自立改革一括法」と修正されます。その内容は、「法令による自治体への義務付け・枠付けの見直し」「基礎自治体への権限移譲」「ひも付き補助金の一括交付金化」「国の出先機関の抜本的改革」などですが、いずれもドラスティックに国と地方の関係を変えるまでには至りませんでした。

一方で、福祉施設の設置基準や形式的であった大臣から同意を得るための協議プロセスの廃止など、個々別々に見ると前向きな改善もあり、事務レベルで業務の棚卸がされたことは評価できるのではないでしょうか。

「消滅可能性都市」の衝撃

そして自民党政権に戻り、安倍政権になって「地方創生」が叫ばれるようになります。

この地方創生の議論は人口減少問題からスタートしました。「消滅可能性都市」という言葉を生み出した「増田レポート」が歩調を合わせる形で理論的にも世論的にも、地方創生への取り組みを後押しすることになります。この増田レポートは、増田寛也氏を座長とする「日本創成会議」の中に組織された「人口減少問題検討分科会」で、国立社会保障・人口問題研究所が2013年3月に集計した人口推計データをもとに試算されました。少子化対策の提言とあわせて、2014年5月に発表されています。

その中で「消滅可能性都市」という衝撃的な表現によって具体的に896市町村が列挙されたのです。市町村の数としては半数以上の名前が挙がったわけですから、「お尻に火がつく」という言葉が妥当と思えるほど、多くの自治体が「うちは大丈夫だろうか」と省みるきっかけになったことは間違いありません。

2015年、国に促される形で、ほとんどの自治体が「地方人口ビジョン」をつくり、それに基づいて「地方版まち・ひと・しごと創生総合戦略」を策定しました。簡単に仕組みを説明すると、この総合戦略に記載されている事項にのみ政府は地方創生交付金を交付する、ということです。危機感と財政難を背景に、法律上は「定めるよう努めなければならない」（努力義務）という記載にもかかわらず、ほとんどすべての自治体がこの総合戦略を定めています（都道府県100％、市区町村99・8％、2016年調査）。

本来であれば「地方発」であるべき取り組みですが、補助金と地方交付税交付金を当て込んだ上での財政運営が染みついてしまっている地方自治体は、なかなか自ら動き出すことができません。そんな状況に、国が飴と鞭をさりげなく使い分けながら進めている現状とはいえ、社会全体で向き合わなければならない人口減少という課題について、国と地方自治体が同じ方向を向いたことは、大きな前進であったと言えるでしょう。

「地方創生」の現状と課題

ここで、改めて注意したいのが「地方創生」という名称です。一連の取り組みは「まち・ひと・しごと創生法」に基づき取り組まれています。しかし、この法律名にも条文にも「地方創生」の四文字は一度も使われていないのです。

九州で地域活性化に取り組む村岡浩司氏は、「『地方創生』とは、中央・東京からの言葉である。自分の町のために何かしたいと思っている人は『地方創生』という言葉ではなく『地元創生』という言葉を使う方が、しっくりくるはずだ」と指摘しています。確かに、国とは違う統治機構の「地方」自治体があり、中央・東京・都市などの対立項としての「地方」が存在してきました。その「地方」を創生するという考え方自体が、人口減少などの地域課題を「自分ごと化」することを妨げる事態へとつながっているのではないでしょうか。

ふるさと創生交付金の利用用途のすべてがうまくいかなかったわけではありませんが、先に見た事例のような事業も散見される中で、今回の地方創生交付金はどういう状況なのか。具体的に見てみましょう。

地方創生交付金が配られて1年が経過した2016年時点でNHKが行った

調査では、75の先進的な事業のうち47の事業が目標を達成できていませんでした。この章の最後に詳述しますが、人口の東京一極集中が進む一方で企業の地方移転はまったく進みませんでした。ただ、人口問題に端を発する地域の活性化に時間がかかるのは当然です。今回の制度の仕組みは、事業に紐付くＫＰＩ（重要業績評価指標：Key Performance Indicator）というものを必ず設定して、目標管理できるようにしています。これまでは「やること・実施・執行」にのみ注力されがちだった行政を、「やった結果・効果・成果」を意識しＰＤＣＡサイクルをまわすように仕組み化されたことは、行政マインドの大きな変化につながっていると評価できます。

では、「地元」の課題を「自分ごと化」し、長期的な視座に立って課題解決に向けて取り組むためには、さらにどのようなポイントが必要なのでしょうか。Japan Times Satoyama推進コンソーシアム事務局では、会員自治体の取り組み事例をもとに、それぞれの地域の課題と対処法のあぶり出しを行いました。その実践から、今後の課題解決のためのポイントを探っていきましょう。

青森県むつ市の課題解決のための実践とは

下北半島に位置する「むつ市」は、本州最北端の「市」です（自治体としての本州最北端は「大間町」）。冷涼な気候で、市民は1年間の半分は雪を見ながら生活しています。港や水運で栄えてきた歴史を持つむつ市ですが、寒さや土地がやせているといった理由で、農業はなかなか振るいませんでした。そのため、会津藩の国替えで誕生した斗南藩は大変な苦労をしたと言われています。近代以降は旧帝国海軍の軍港が設置され（大湊水雷団、のちに大湊警備府、現在の海上自衛隊大湊地方総監部）、海軍関係者を含めて終戦時には10万を超す人口規模となりましたが、その後は人口減少傾向が続き、現在に至っています。

しかし今、歴史ある「陸奥」を想起させる読み仮名と日本で初めてのひらがな表記となる市名が象徴するように、歴史とイノベーションを包含する市を目指し、若き市長による新しいまちづくりが始まっています。

むつ市の取り組みの中では、特に豊富な水産資源の象徴である「ホタテ」の取り扱いについて見ていきます。豊かな海を守るために陸地の里山・森林にまで目線を上げて保全活用を行う取り組みを通じて、循環する地域経済の実践が始まっています。この循環がどのように生まれているかについて学んでいただければと思います。

ホタテ業での新たな取り組み

むつ市で年間を通じて市外へ出荷できる水揚げ量がある水産物は、イカ類をはじめ、ナマコ、カレイ・ヒラメなどですが、仲卸業者などの買い上げ価格が適切でないことが課題として挙げられています。これに対し、最大の漁獲量を誇るホタテについては市内3漁協がホタテの宅配事業を実施することで、生産者と消費者の直接取引を増大させ、漁業者の所得向上を図ってきました。

この宅配事業は、当初その先駆者として堅調な推移をし続けていました。それが近年、県内外の他の産地との競合、消費者の水産物離れ、関西や九州における「陸奥湾ホタテの認知不足、長距離配送となる関西以西の取引が微小」といった理由で、所得向上につながらなくなっていることが課題になっています。

このような現状を打破するため、ヤマト運輸による「A! Premium」サービスの活用、近隣町村による協議会の結成、漁師による森植樹祭など、3つの新しい取り組みがむつ市では行われています。

まず「A! Premium」ですが、青森県とヤマト運輸が共同で構築したサービスです。２０１５年4月27日から正式に運用が開始されました。このサービスは、輸送時間を短縮し、鮮度と品質を保持した付加価値の高い物流の仕組み「青森県総合流通プラットフォーム」を基盤としています。例えば、西日本への翌日午前配達、東南アジアへの最短翌日配達を実現するという、付加価値に富んだ新たな取り組みです。通常の宅急便のサービスレベルでは、翌日午前中配達地域の人口カバー率が7・5％であるのに対し、このプラットフォームでは同様の地域の人口カバー率が84・7％にまで拡大しています。輸送時間の大幅カットの背景にあるのは、通常のトラック配達の陸輸に加え、飛行機による空輸の活用です。陸輸のベースとなる施設が青森、宮城、西大阪に設けられ、仙台空港、伊丹空港、関西国際空港などの協働で成り立っています。また、アジアに関しては、那覇国際空港がハブとなって配達を行っています。

さらにむつ市では、２００９年に近隣の川内町漁協と脇野沢村漁協とともに「むつ市・川内町・脇野沢村3漁協協議会」を立ち上げました。三者で販売や購買事業の共同化に取り組むことで、漁獲物の安定供給と魚価の向上、コストの削減に努めています。この3漁協協議会では、漁業収入の向上を目指し、水産資源の管理と養殖事業の継続化を進めていますが、販路の拡大が今後の課題となっています。

自然の循環を目指す「漁師の森植樹祭」

また2018年には、豊かな水産資源の持続的恩恵享受のため、漁業関係者が中心となり、水産資源を育む森づくりとして、「漁師の森植樹祭」を行いました。この植樹事業は、むつ市川内町漁業協同組合が主催し、川内小学校の5年生の児童たち、下北地域県民局林業振興課、下北地方森林組合、むつ市（川内庁舎、経済部）などが参加しました。総勢60名での活動となり、海から約6キロ内陸の市が所有する林伐採跡地に、ブナ、ナラの苗木300本の植樹を1時間程度かけて行いました。

「なぜ、漁師たちが植樹を？」と多くの方が思われるのではないでしょうか。それにはもちろん理由があります。植樹祭では、ホタテ養殖の際に出るゴミからつくった肥料を試験的に撒き、今後の生育状態を見る計画になっていました。ホタテ養殖の際に出る貝殻や付着物などによる残渣《ざんさ》（ゴミ）を堆肥として再利用するのです。この堆肥は、県内初の海産物の堆肥化の試みとして、2015年6月から青森県蓬田村にある「ホタテガイ養殖残渣堆肥化処理施設」で開発が進められ、その年の11月に完成しました。製造工程は、ホタテガイ残渣に鶏糞、もみ殻などを混合したものを3か月から4か月かけて発酵処理を行い堆肥化します。このようにホタテガイ残渣の堆肥は、ホタテガイ残渣の処理費用の低コスト化と堆肥の配布事業といったことを可能にしています。そのため、農漁業双方にメリットが大きく、地域経済活性化の1つの具体的方策として期待されています。

また、むつ市ではこれまでも過去に2002年まで6年間植樹を行い、植えた苗木は4700本にも及んでいます。実は植樹を漁師が行う活動の歴史は古くからありました。1892年、元号では明治25年に陸奥湾沿岸で防風林を兼ねた植林が行われ、「魚つき林」の造成が開始された記録にまで遡ることができます。「魚つき林」は「うおつきりん」と読み、法律用語としては、「魚つき保安林」と称されています。主に海岸や河川湖沿いなどの森林を農林水産大臣が保安林として指定したものです。「魚つき林」の歴史は、1897（明治30）年に制定された森林法によって規定された保安林制度に基づいていて、それが現代にまで脈々と続いているのです。「うおつき」の表記方法として、現行の森林法第25条では「魚つき」が用いられています。ただ、一般的な表記としては、「魚付」、「魚附」、「魚着」などがあります。

林政学・森林文化学研究者の筒井迪夫東京大学名誉教授によると、魚つき林の効果としては、「(1) 豊富に栄養塩類を流し、有機物を供給してプランクトンの繁殖を促す、(2) 森林が海面に落とす影が、魚類の休息・産卵に適した環境をつくる、(3) 森林があることによって、魚類の嫌う刺激性の反射光線が生じない」など、多数の効用が挙げられています。日本では、少なくとも江戸時代には魚つき林が広範囲に存在し、漁民などに広くその効果が認知されていたというのです。

近年、伐採が原因と見られる土砂の流入によって、川内町内の川内川や戸沢川が濁り、海に泥が堆積しています。その土砂の堆積によって、川内沖合の地まきホタテが大きな被害に遭いました。その被害を受けて、1997年度から川内町漁協青年部は、山にブナの植樹を始め、それ以降、毎年植樹を実施しています。漁師たちによる植樹活動が、森林のある山を生み出します。その山から流れ出し、河畔林のある川から海へ水が流れ込むことで、栄養豊富で豊かな海をつくり出すことが可能になっているのです。

市民に愛されるホタテが生み出す挑戦

さまざまな課題に向き合い、取り組み方を模索しながら実践を続けているむつ市のホタテ漁業ですが、広く市民たちから愛されていることが大きな強みです。1つは、ホタテに関するイベント、もう1つは、ホタテを扱う食堂の取り組みから、それが伝わってきます。

具体的な活動例を見てみましょう。2018年の5月の連休、むつ市が事務局を務める下北ジオパーク推進協議会主催によるイベント「ホタテの秘密に迫るジオな旅」が開催されました。むつ市内を流れる川内川の流れに沿って、散策しながらホタテの歴史を学び、新緑を楽しみつつ、ホタテのおいしさを知るツアーです。このイベントは、申し込み締め切り前に定員に達するほど好評でした。また、同時に「第1回川内ホタテ海鮮まつり」も開催され、ホタテ海鮮丼やホタテの販売、ホタテの詰め放題コーナーなど、食事や体験コーナー、購入までを取り扱う、ホタテ尽くしのイベントがたいへん好評でした。

また、市民に広く愛される食堂がむつ市にはあります。青森県の郷土料理、元祖みそ貝焼きが食べられる食堂として人気のお店「なか川」です。今や全国的に有名になったみそ貝焼きを食べるお客さんが多いのですが、その次に人気があるのが、ホタテフライだそうです。ホタテの旨味成分が揚げることによって凝縮され、よりおいしくなるというのです。ホタテが水揚げされる地域であるむつ市ならではの食べ方で、他の地域では味わえない旨味がそこにはありました。

このようにむつ市民がホタテを愛するからこそ、「ツーリズム×食」「イベント×食」「地産地消」といった数多くの取り組みに挑戦できるのではないでしょうか。

官民が連携するむつ市の可能性

市民が愛するホタテを産業として確立するために「付加価値をどうつけるか」という観点と、「持続可能な供給」という観点の2種類の取り組みを概観してきました。

本州最北という物流的には不利な条件の地域で、行政が独りよがりに事業を進めるのではなく、さまざまな関係者（ステークホルダー）をうまく巻き込みながら、あるいはその主体性に任せながら、地域の活力を育てていくむつ市の姿にこそ可能性を見出すことができるのではないかと考えています。

これまではいわゆるゴミとして扱われてきたホタテガイの残渣を堆肥に変えて農業を興し、海の養生のために木々を植えていく取り組みは、まさに里山資本主義的な発想です。しかし、それ以上にむつ市の取り組みは、行政にお任せという姿勢ではなく、市民をはじめ民間が主体的に動いていることにこそ着目するべきと言えるのではないでしょうか。お金儲けが得意な人は公務員にならない、と昔から言われているように、行政にはノウハウも人的リソースも圧倒的に足りていないのが現実です。そうした状況の中で、行政の足りないところを補いながら官民で連携するむつ市の姿から学ぶべき点は多くあるのではないでしょうか。

サイクリングで一点突破した広島県尾道市の実践

尾道市は、「坂の町」と呼ばれるように、海に面した急な斜面が町の大部分を占め、その急斜面の土地を駆け上がるように細く細かい階段が走っています。階段を上がりながら、右を見て少し歩いて左を見ると、そのどちらにもお寺の門構えが目に入る、そんな町並みが有名です。

尾道出身の大林宣彦監督の映画「尾道三部作」(『転校生』『時をかける少女』『さびしんぼう』)でもその坂は存分に描かれていて、そんな情景を目当てにする観光客が多く訪問していた時代がありました。一方で、尾道も高齢化が進み、坂の最頂部から空き家が増え始めています。景観の観点からも、「坂の町」だけを売りにしていては、町の活性化が望めない状況が起こっているのです。

1999年に「しまなみ海道」が完成します。このしまなみ海道は、尾道市と愛媛県の今治市を結ぶ全長約60㎞の自動車専用道路です。完成から最初の10年間は、利用台数が徐々に減り続けるばかりでした。そのような状況を打破しようと、2009年に開通10周年を迎えるにあたり、起爆剤となるようなことができないかと尾道市は議論を始めます。その結果、決定したのが「サイクリング」の活用でした。

「道路」を、「車が移動する場所」としてだけでなく、「車だけでない、まちづくりの起点」と柔軟にとらえ、その活用を試みている尾道市。この果敢に挑戦する尾道市の事例を通じて、里山資本主義的な発想をさらに転換するポイントを学ぶことができるのではないでしょうか。

しまなみ海道という「ハードウェア」

では、具体的な状況について見ていきます。すべての橋梁工事が完了した1999年、しまなみ海道における推奨サイクリングルートが「瀬戸内しまなみ海道周辺地域振興協議会」によって決定されました。これが1つの原点になっています。この決定からしまなみ海道が「サイクリングの聖地」と呼ばれるまでの取り組みについて、まずはその経緯を俯瞰《ふかん》してみましょう。

まずは、ハード面の整備の点を見てみます。自転車は、道があれば走ることができます。しかし、しまなみ海道は、自動車走行が主です。ですから、サイクリングを普及させるには、まず「走る道が自転車にとって快適」な状況を目指す必要がありました。そのための取り組みとして最初に行われたのが、2010年から2011年にかけて行われた「ブルーライン」の整備事業です。このブルーラインは、サイクリング推奨ルートを、サイクリストが迷わず走行できるよう、車道の左側に自転車が走行するための青色のラインと距離表示・ピクトグラムなどを配置したものです。

このルートをもとに「しまなみサイクルオアシス事業」がスタートします。この事業は、サイクリング客が気軽に休憩を取れること、そして地域の人々との交流が促進されることを目的に、休憩所の整備を進めたものです。この事業のおもしろいところは、休憩所を開設するのは協力者として名乗りを上げた民間事業者であったという点です。観光と地域の暮らしを分離させてとらえるのではなく、それらを一体のものとして発展させていく姿勢には多くの学びがあります。登録事業者は年々増加していて、その数は尾道市内で100箇所を超えています（2018年時点）。さらに2014年には、それまで有料だったしまなみ海道の自転車通行が協力事業者の協賛金や登録自動販売機の売り上げによる支援をもとに無料化されました。サイクリング客にとってはますます便利になり、快適な環境が整いつつあるのです。

しまなみ海道のサービスを支える組織と人

ハード面と同時に進められてきているのが、ソフト面の充実です。開通時からしまなみ海道ではレンタサイクル事業がスタートしています。開通後、自動車の利用台数が減少してきたことは先にも触れましたが、自転車の方は年2万台ほどの利用数がずっと続いていました。そこでハード面の整備と同時にしまなみ海道ではさまざまなサービス提供事業をスタートさせます。それらの事業への取り組みによって、利用者数の増加を図ったのです。

まずは「しまなみ島走レスキュー事業」を紹介します。尾道市が市内タクシー業者や自転車業者に協力を依頼し、故障の際の自転車の運搬、修理までを包括的に行うサービス体制です。現在は市内のタクシー業者7社、自転車店9店舗が登録されています（執筆時調べ）。

「しまなみ自転車旅の宿」は、サイクリング客を対象にした自転車の保管場所の有無や荷物の発送、受け取りなど、関心が高いと思われる情報を取りまとめたポータルサイトです。また、レンタサイクル事業自体も広域的な自治体と連携し、乗り捨てを可能にするなど、利用しやすい仕組みが整いつつあります。詳細は後述しますが、この流れをさらに加速するべく、2017年には「しまなみジャパン」という日本版DMO組織が発足しました。これらの事業と合わせて、「ONOMICHI U2」と呼ばれる商業施設の開設やサイクリングイベントの開催などを通じて、しまなみ海道はサイクリングの聖地としての地位を確立することに成功します。

このようなサービスの充実により、一時は尾道市と今治市を合わせて2万台を切っていたレンタサイクルの年間利用台数も２０１７年には両市合わせて15万台に迫る勢いです。尾道市への観光客数は、２０１７年度には国内海外合わせて６８０万人を記録しました。

国際的認知度を高めるための戦略的な広報

尾道の取り組みで注目したい点が、海外への波及効果です。２０１７年度、海外から尾道への観光客は約28万人を記録しています。これほどの集客効果はどのようにして生み出されているのでしょうか。

まずは台湾サイクリスト協会との協定を取り結んだ点が挙げられます。この台湾との協力体制が発信力の強化を築くことに大きく寄与します。世界最大の自転車メーカー・ＧＩＡＮＴ社の劉会長をはじめとする台湾の訪問団を招いた大規模イベントをきっかけに海外メディアの注目を浴びることになったのです。その経験から積極的にイベントの開催、メディア広告には継続して力を入れています。

例えば、一般社団法人せとうち観光推進機構が運営するウェブサイト「瀬戸

瀬戸内 Finder	https://setouchifinder.com/ja/about/
しまなみジャパン	https://shimanami-cycle.or.jp/
せとうち DMO	http://setouchitourism.or.jp/ja/

表１　瀬戸内の情報を発信しているウェブサイト

内Finder」では、地域在住フォトライター、地元住民が瀬戸内についての厳選した記事を投稿していて、シェアできる広報と交流の場としての役割を果たしています。また後述する「しまなみジャパン」も観光用ウェブサイトを運営していて、英語での観光案内にも対応するなど、より海外に向けての発信のための意識ある取り組みが行われています。

瀬戸内の国内、海外への発信力の鍵となっているのは、ウェブサイトの運営とともに行われているＰＲを得意とする企業との連携です。例えばイギリスでの瀬戸内の認知度を高めるために、Chapter White Inc. の全面サポートを受け、ＰＲキャンペーンを展開しました。また基本的なＰＲ

はネイティブ株式会社が担当し、「地域を共に創る」をミッションとして地域に根差した広報体制の構築を目指しています（表1に瀬戸内の情報が得られるウェブサイトをまとめました）。

「つながり」が成功を生む

尾道市はなぜここまで成功できたのでしょうか。その理由の1つとして、「つながり」を重視したことが挙げられます。そしてそれを最大限に活用する方策が生まれたからこそ成功したのではないでしょうか。

しまなみサイクルオアシス事業やしまなみ島走レスキューは、すべて民間の事業者が、協力者として名乗りを上げたところへ、必要な資材などを市が提供し、以後も調整役として市がサポートに徹しています。行政が介在することで、住民の生活と観光産業が一体化するのです。民間事業者としては、サイクリング客にサービスを提供したい。サイクリング客としてはサービスが充実している方が行きやすいし楽しめる。この相利共生の関係をつなぎ、それが1つのエコシステムとして持続していくよう、市が潤滑剤の役割を果たし続けたことが成功の要因だと考えられます。

さらに「つながり」という観点からすると、「広域での取り組み」も大きな要因です。しまなみ海道は尾道だけでは完結しません。しまなみ海道が走る自治体の相互の協力があって初めて「1つ」の観光パッケージとして完結するのです。この点を、尾道をはじめ他の市町村も重視し、市町村間、関係事業者間の調整を行ってきました。その「つながり」が形として結実したのが、「しまなみジャパン」です。

「しまなみジャパン」は、日本版DMO（Destination Management/Marketing Organization）として設立されました（DMOは、『観光地経営』の視点に立った観光地域づくりの舵取り役として、関係者と協働しながら、地域の観光振興の実現に向けた戦略を策定するとともに、戦略を着実に実施するための調整機能を備えた法人」と定義されています）。この「しまなみジャパン」が従来の振興会では弱かった「地域包括的に民間も巻き込んだ戦略的なマーケティング」の側面を補強し、尾道市と「しまなみ海道」の周辺が今後ますます発展していくことが期待されています。

広島県福山市のばらを通じたまちづくり

福山市は広島県東部に位置し、県下第2位の人口47万人（２０１８年度）が暮らす都市です。古くから港町として栄え、また江戸時代には福山藩として文化・産業を育んできました。しかし、１９４５年8月8日の大空襲によって市街地の約8割が焼失し、大きな被害を受けます。戦後、再建復興が進められましたが、市民の心は混迷を抜け出せないでいました。そんな状況の中、御門町南公園（現在のばら公園）付近の住民が、「戦災で荒廃した街に潤いを与え、人々の心に和らぎを取り戻そう」と、１９５６年の春に約１０００本のばらの苗木を植えました。ここから「ばらのまち福山」の歴史が始まります。ばらを戦後復興の象徴として、これまで多くの市民や団体、事業体と行政が協力し、ばら公園の整備やばら祭の運営、ばらのまち条例の制定などを行ってきました。

そして市制施行１００周年の２０１６年、「１００万本のばらのまち」を実現します。１０００本から始まったばらのまちづくりは１００万本にまで拡大したのです。かつてばらを植えた人々の心は、今もなお市民に受け継がれています。

市民と行政が一体となった試み

福山市はばらのまちとして市民と行政が協働し、さまざまな取り組みを行っています。その1つが、2019年で52回目を迎えた「福山ばら祭」です。1956年にばら愛好家の方たちが「第1回バラ展示会」を開催し、これが現在のばら祭の前身となりました。1968年に福山市・日独協会共催で開催されたことをきっかけに「バラ展」は「ばら祭」と改められ、「第1回ばら祭」が開催されます。その後1971年には祭の企画運営を行う「福山祭委員会」が設立され、市民と行政がともにかかわる祭運営が始まりました。2018年には過去最多の85万人が来場し、市内外の多くの人でにぎわいました。2019年は、ばらにちなんださまざまなイベントや音楽祭、グルメ展覧会などが市内の公園や商店街、福山駅で行われました。

また、2015年9月18日には「福山市ばらのまち条例」が制定されました。この条例は、市民と行政が一体となり、ばらのまちづくりを進め、平和の尊さや心の豊かさを実感できる活力ある福山を実現するというビジョンのもと制定されたものです。条例では、5月21日を「ばらの日」として定め、ばらのまちづくりへの理解と関心を深めるため、ばらを贈る習慣を広める活動も行われています。

さらに2024年には世界バラ会議福山大会の開催が決まっています。この会議を機に、福山のブランド力を向上させ、市民が一体となったばらのまちづくりをより一層活気づけようとしています。

こうした「ばらのまちづくり」は、市民と行政が一体となった「協働のまちづくり」の原点として位置づけられます。市の花へのばらの起用（1985年）や、ばらのまち条例の制定など、文字通り市のシンボルとして位置づけられ、都市ブランドとして定着し、それがどういう効果を地域の住民たちに及ぼすかの好例となっています。

まちへの住民の愛着を生む都市ブランド

市民活動が大きくまちづくりにかかわってきた福山市ですが、住民は自分たちの市に対してどのような感情を抱いているのでしょうか。

2015年に福山市に住民登録されている20歳以上の男女4000人を対象に行われた意識調査があります。その調査の結果は、福山市に愛着や誇りを「とても感じる」「やや感じる」と回答した割合が合わせて7割にものぼっていま

福山市に愛着や誇りを感じるか

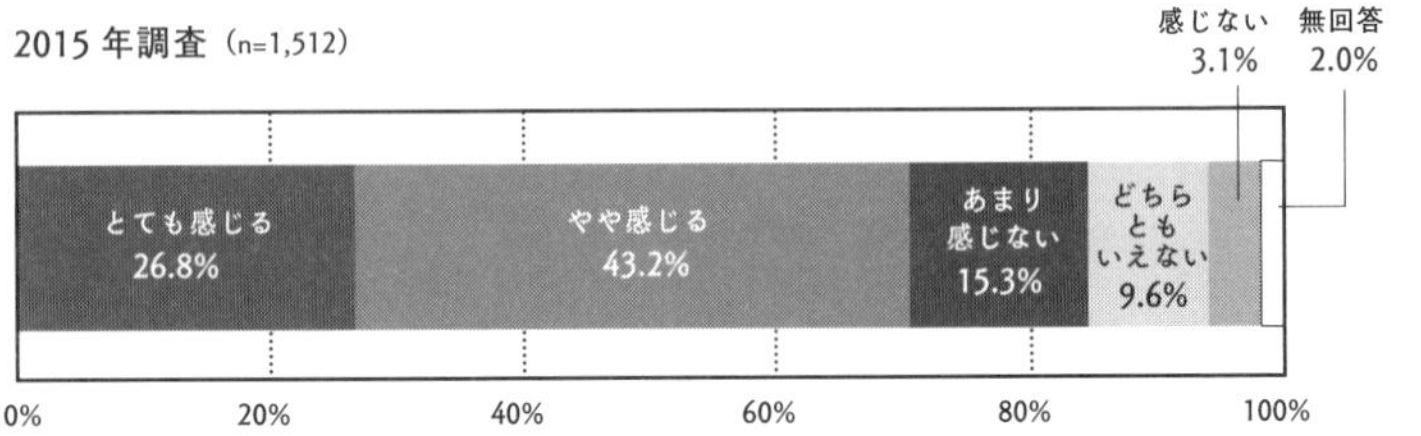

「第五次福山市総合計画策定のための基礎調査報告書」より

す。この結果から多くの市民が福山市に愛着を感じていることがわかります。

また、２００５年に福山市及び神辺町（現福山市）に住民登録している20歳以上の男女３３００人を対象に行われた市民アンケートでは、「福山市らしさをイメージするもの」のトップに、ばら、ばら祭が挙がっています。年齢別に見ていくと、特に25歳から30歳代の若い世代の割合が多く、戦後に始まった「ばらのまち福山」の市民活動が、若い世代にも広く浸透していることが窺えます。

まちづくりを通したシビックプライドの醸成

「シビックプライド（Civic Pride）」とは、都市に対する市民の誇りを指す言葉です。日本語の「郷土愛」と似た言葉ですが、単に地域に対する愛着を示すだけではなく、自分自身がかかわって地域をよくしていこうとする、市民の当事者意識に基づく自負心をも意味しています。福山市では、戦後の復興期に市民の心を癒してきたばらによって、市民活動から「ばら祭」が生まれ、さらに最近では、「100万本のばらプロジェクト」が実現したように、ばらは福山市民がシビックプライドを育む上で重要な役割を果たしています。

シビックプライドの醸成において肝心なのは、福山市のように市民が大切にしている資源に行政も寄り添い、市民とともにその資源を市内外に発信して資源の価値を高めることです。それとともに市民の当事者意識もより高まっていくのです。そのためには市民と行政、また市民同士が直接つながり、地元の資源に対する思いや意見を交換する場や機会が必要となります。

福山市のばらに関連した取り組みと、ばらのまちづくりを通して、市民と行政が協力してシビックプライドを育んできた歴史を見てきました。復興に向け

福山市らしさをイメージするもの

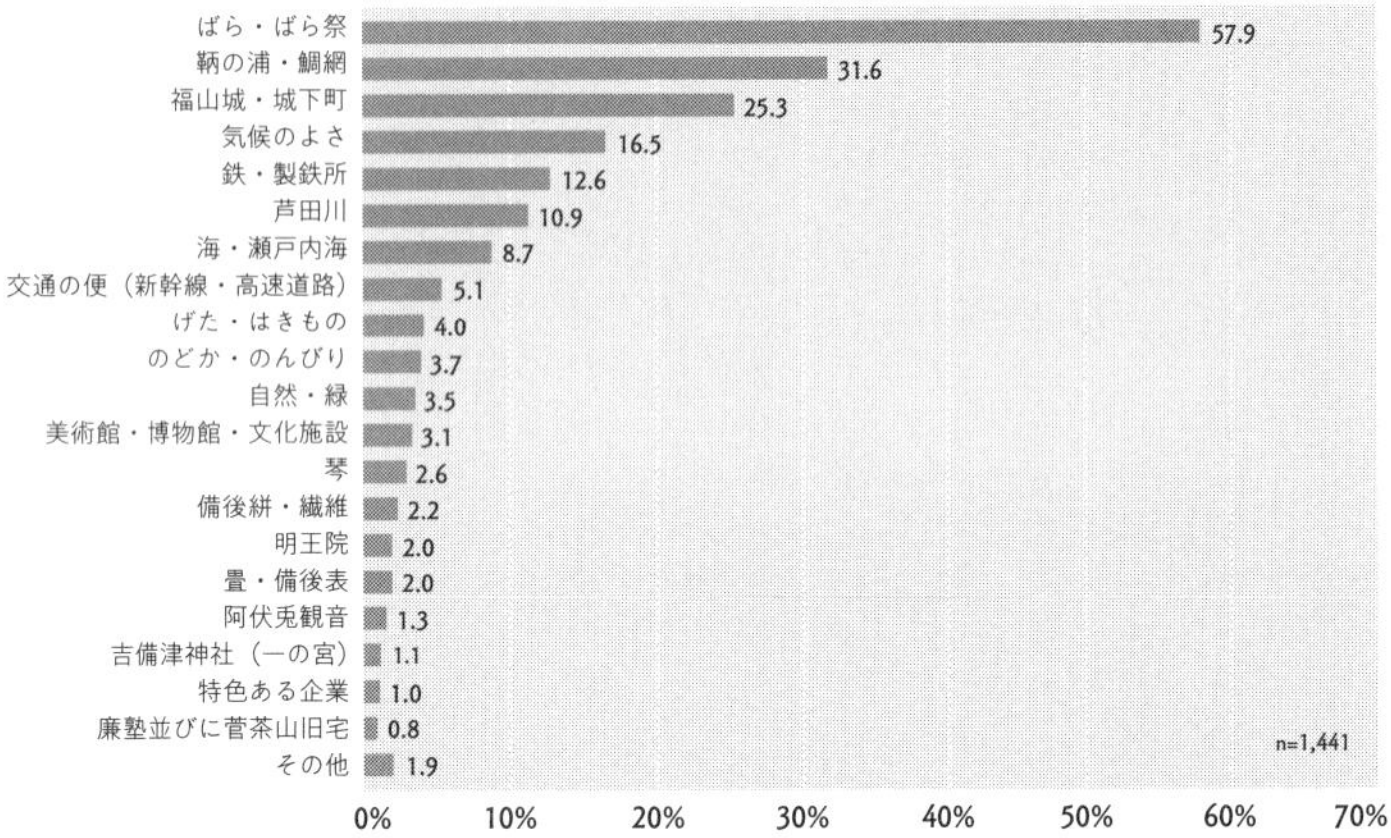

て戦後まもなく市民の側から始まった運動に行政も加わり、「ばらのまちづくり」を展開する過程で市民の当事者意識がより高まり、シビックプライドが醸成されてきた状況がわかっていただけたのではないでしょうか。まちづくりにおいて「ないものねだり」をして、多額の補助金などを投じて資源を新たにつくるのではなく、市の歴史の中にある資源を改めて見出し、シビックプライドを醸成してきた福山市の取り組みは、里山資本主義的発想と言えるのではないでしょうか。

年齢別に見た「福山市らしさをイメージするもの」

	全体	20〜24歳	25〜29歳	30歳代	40歳代	50歳代	60歳代	70歳代	80歳以上
回答数	1,441 100%	58 100%	63 100%	210 100%	184 100%	308 100%	333 100%	200 100%	68 100%
ばら・ばら祭	834 57.9%	38 65.5%	47 74.6%	152 72.4%	116 63.0%	179 58.1%	166 49.8%	96 48.0%	34 50.0%
鞆の浦・鯛網	456 31.6%	10 17.2%	18 28.6%	96 45.7%	65 35.3%	97 31.5%	89 26.7%	58 29.0%	19 27.9%
福山城・城下町	365 25.3%	14 24.1%	13 20.6%	35 16.7%	48 26.1%	67 21.8%	87 26.1%	78 39.0%	20 29.4%
気候のよさ	238 16.5%	3 5.2%	4 6.3%	26 12.4%	22 12.0%	59 19.2%	74 22.2%	31 15.5%	17 25.0%
鉄・製鉄所	181 12.6%	12 20.7%	12 19.0%	20 9.5%	30 16.3%	47 15.3%	35 10.5%	17 8.5%	4 5.9%
芦田川	157 10.9%	12 20.7%	7 11.1%	27 12.9%	19 10.3%	38 12.3%	33 9.9%	14 7.0%	7 10.3%
海・瀬戸内海	126 8.7%	3 5.2%	5 7.9%	13 6.2%	17 9.2%	27 8.8%	31 9.3%	24 12.0%	3 4.4%
交通の便（新幹線・高速道路）	73 5.1%	2 3.4%	4 6.3%	7 3.3%	4 2.2%	13 4.2%	21 6.3%	12 6.0%	8 11.8%
げた・はきもの	57 4.0%	3 5.2%	3 4.8%	9 4.3%	9 4.9%	17 5.5%	13 3.9%	1 0.5%	2 2.9%
のどか・のんびり	53 3.7%	4 6.9%	3 4.8%	6 2.9%	9 4.9%	13 4.2%	12 3.6%	4 2.0%	2 2.9%
自然・緑	50 3.5%	1 1.7%	0 0.0%	1 0.5%	2 1.1%	10 3.2%	19 5.7%	13 6.5%	3 4.4%
美術館・博物館・文化施設	45 3.1%	0 0.0%	0 0.0%	3 1.4%	1 0.5%	6 1.9%	16 4.8%	15 7.5%	3 4.4%
琴	38 2.6%	2 3.4%	2 3.2%	3 1.4%	5 2.7%	10 3.2%	8 2.4%	5 2.5%	1 1.5%
備後絣・繊維	32 2.2%	2 3.4%	2 3.2%	2 1.0%	7 3.8%	7 2.3%	8 2.4%	2 1.0%	2 2.9%
明王院	29 2.0%	1 1.7%	0 0.0%	4 1.9%	6 3.3%	3 1.0%	11 3.3%	0 0.0%	3 4.4%
畳・備後表	29 2.0%	0 0.0%	0 0.0%	1 0.5%	4 2.2%	8 2.6%	10 3.0%	6 3.0%	0 0.0%
阿伏兎観音	19 1.3%	1 1.7%	0 0.0%	3 1.4%	1 0.5%	2 0.6%	6 1.8%	3 1.5%	2 2.9%
吉備津神社（一の宮）	16 1.1%	1 1.7%	1 1.6%	0 0.0%	0 0.0%	5 1.6%	6 1.8%	2 1.0%	1 1.5%
特色ある企業	14 1.0%	0 0.0%	1 1.6%	2 1.0%	2 1.1%	3 1.0%	3 0.9%	3 1.5%	0 0.0%
廉塾並びに菅茶山旧宅	11 0.8%	0 0.0%	0 0.0%	0 0.0%	1 0.5%	0 0.0%	4 1.2%	5 2.5%	1 1.5%
その他	28 1.9%	4 6.9%	1 1.6%	6 2.9%	3 1.6%	4 1.3%	5 1.5%	3 1.5%	0 0.0%

（注）上段：実数，下段：％

「第四次福山市総合計画策定に向けて
福山市の新しいまちづくりに関する市民アンケート－集計結果－」より抜粋

茨城県つくば市のSDGsへの取り組み

つくば万博から既に30年以上が経ちました。「国際科学技術博覧会」が正式名称のこの万博は、1985年に開催され、筑波山の麓の田園風景を一変させました。それまでも研究学園都市として開発が進められてきた一帯が、万博後には近隣の町村との合併を繰り返し、「つくば市」として発展。2005年につくばエクスプレスが開通してからはベッドタウンとして人口も増加傾向にあります。

一方で、まるで都市と農村の対立のような縮図も存在しています。広い市域のすみずみまでが研究学園都市化しているわけではなく、例えば下水道の普及率は8割をわずかに超えるレベルです。この数字は決して低いわけではありませんが、イメージと現実の差の象徴的な例として、どのような環境にあるかを想像していただけるのではないでしょうか。

そうした中、2016年に「世界のあしたが見えるまち」というビジョンを掲げた30代の市長がつくば市に誕生しました。また、2017年には国からSDGs未来都市として選出されます。地域の課題を、つくば市ならではの技術やテクノロジーによって、自分ごと化し、解決していくプロセスを手探りしながら進めている現在のつくば市に、全国の自治体でも応用可能な方法をおぼろげながらも見出していくことができるのではないかと考えています。

2030年に向けたまちづくりのための体制

国連の開発目標であるSDGs（持続可能な開発目標：Sustainable Development Goals）はそれ以前のMDGs（ミレニアム開発目標：Millennium Development Goals）との対比によってその特徴が炙り出されてきます。端的に言うと、MDGsと比べてSDGsは取り組む課題の範囲が非常に広範囲にわたります。それだけ関係するステークホルダーも多くなるので、主導する市にも確固とした組織・制度設計が必要になります。そこで、つくば市がまずSDGsを進めるにあたりどのような体制の構築を行っているかについて俯瞰していきます。

つくば市の所管する行政活動はいくつかの計画に基づいて実行されています。具体的な名前を挙げると、「つくば市未来構想」や「つくば市戦略プラン」などがそれに当たります。つくば市では、これらの計画に基づく事業を、すべてSDGsのゴールの区分に再編するよう取り組んでいます。また、この取り組みは2030年までに漸進的に行われる予定です。

こうした計画の策定と同時に、市の最上位の計画である「つくば市未来構想」についても、見直しを進めています。当然その策定体制の構築にも改めて力を入れていて、具体的には「つくば市未来構想」のために、新たに「未来構想等審議会」を設置しました。この会によって、市民の声を計画に反映させる仕組みが整えられたのです。さらに役所内でも公募によるワーキングチームをつくり、市民の声を踏まえながら計画を策定するよう事業を進めています。また先述したようにSDGsのゴール達成のためには、民間事業者など多くのステークホルダーを巻き込んでいくことが欠かせません。そのためにつくば市では、域内、自治体間、国際の3レベルでそれぞれの連携を深める取り組みを行っています。連携協定を基本に動いていますが、特にかかわりの大きい域内連携に関しては、「つくばSDGsパートナーズ」制度をつくり、SDGsのゴールに向け、その実践のために市内の事業者や個人を認定し、周知・浸透を目指し、大学や研究機関との連携も行っています。また、民間企業では、東京海上日動火災保険や東京ガス、東京ガスリビングラインなどが包括的な連携協定をつくば市と結んでいます。具体的にSDGsのゴールに基づき、その達成に向けた事業を協働で進めていくことを目標にしています。そして2018年から、インドネシアのゴロンタロ州政府と東京フード株式会社が、カカオ豆の栽培と安定供給、カカオマスの日本での商品化活動、現地への加工技術移転などを連携して行うことで、現地農家の生計の向上にも取り組んでいます。国際的な貢献という目的での市の取り組み、そしてそれらが異文化交流、食の発展の機会になることが期待されています。

自治体行政を改革する新たな風

つくば市の取り組みの重要なポイントは「中体西用」にとどまらない改革です。つまり、市が行う事業に対してSDGsのゴールを「当てはめる」のではなく、SDGsのために市の仕組みそのものを改革しているのが、つくば市の取り組みです。大掛かりな改革ですが、小手先だけで課題に対応する限界が露呈しつつある自治体行政において、万国共通の基準を用いたつくばの市政改革は、課題解決のモデルとして、大変参考になるでしょう。

またSDGsを市の目標に据えるということは、「価値の多元性」を認めることにもつながります。単純な経済価値では図ることのできない暮らしの豊かさ、それを市にとどまらず自治体間、国際的にも進めていく取り組みは従来の自治体内で完結していた行政に新たな風を吹き込むことになるはずです。

「危機感」「自分ごと化」「官民連携」が要

ここまで紹介してきたさまざまな地域のあり方を踏まえると、地方創生の取り組みの要点が少し見えてきたのではないでしょうか。それは「危機感に裏打ちされているか」「地域で『自分ごと化』されているか」「関係者との連携が取れているか」と、まとめられます。キーワード化すると、「危機感」「自分ごと化」「官民連携」です。この要点は、国の狙うところと実は似通っているのです。増田レポートによる危機感の醸成がなされ、計画づくりや交付金分配の制度設計として、「地域発」であることを求めている点。さらに計画策定の際には、「産官学金言労」(産業界・官公庁・教育機関・金融機関・言論機関・労働組合)を審議会等のメンバーに入れることが推奨されています。このような提言から、国の狙いがどのようなものかが読み取れます。

ただ、マクロ的な成果が見えてこないことは悩ましいところです。「まち・ひと・しごと創生総合戦略」では、当初東京圏（埼玉、千葉、東京、神奈川）への人口流入をとめて、2020年には転出入を均衡させることを目標としていました。企業の地方移転については、7500件が目標値でした。しかし、2018年の結果を見ると、転入人口が転出人口を約14万人も上回っています。2013年の計画策定時点では10万人だったことを考えると惨憺たる状況と言えるでしょう。しかも転入者は、2017年比で1万4000人も増えているのです。2016年は1万1000人増だったことを考えると、東京圏への人口流入は加速していることが明らかです。企業の移転についても、2018年3月時点で287件と当初の1割の目標すら達成できていません。

取り組みの方向性は正しいにもかかわらず、現状では成果があげられていないのはなぜでしょう。その理由を考えるとき、立ち返らざるを得ないのが、「行政のみのお任せまちづくり」ではいけない、ということです。

政府の体制では、地方創生を現場にインストールするときに発生するさまざまなハレーションやコンフリクトにまで手が回らないのは当然です。地方創生の成功事例という形でモデルを示しても、そこに書かれている方法を「わが町」

にコピー&ペーストすることは容易ではありません。ノウハウ不足やそもそもの職員不足という地方自治体の実情を考えると、当然です。その結果、例えば交付金獲得のために謎のコンサルタントが寄生し、意味不明なゆるキャラをつくり、1年で消え去る代理店が食い散らかすといった隙を与えてしまう状況を生んでいるのです。

行政のみのお任せまちづくりにならないためのキーワードでもある「危機感」「自分ごと化」「官民連携」という視点で、もう一度ここまでの事例を振り返っていきましょう。

課題を超えるために自治体に必要な転換とは

まず、つくば市の事例は、五十嵐立青《いがらしたつお》市長が持つ、自治体トップの危機感に裏打ちされています。五十嵐市長は自身が当選する4年前の市長選挙で苦杯をなめています。しかし、その間も国からの借金を財源に大型のスポーツ施設を建設しようとする当時の市長に対して、直接請求による住民投票を先導・実施し、この計画を白紙化させたのです。今行うべきは、次世代に負担を残すハコモノづくりではなく、次世代の人づくりである、という強い危機感に基づいての行動でした。

「自分ごと化」という意味では、尾道市の平谷祐宏《ひらたにゆうこう》市長がしまなみ海道を自転車で走ったエピソードが示唆に富んでいます。2009年に10周年を迎えるまでのしまなみ海道の利用者数は横ばいで、周年事業を検討する尾道市役所の会議の席で、さらなる利用促進の必要性を議論していました。その席で、職員から「サイクリングはどうだろうか?」というアイディアが出たのをきっかけに、実際に市長本人が四国へ自転車で出かけて検証しました。その後、2010年に愛媛県知事に就任した中村時広知事の「愛媛マルゴト自転車道」という構想やマウンテンバイク愛好家の広島県湯﨑英彦《ゆざきひでひこ》知事の後押しも受けて、しまなみ海道がサイクリングの聖地として認知されていくことになります。市長自ら実地検証する姿勢に学ぶところは大きいと言えるのではないでしょうか。

また、市民による「自分ごと化」という意味では、福山市の事例で見たシビックプライドの醸成は、とても参考になります。一般に「シチズンシップにつながるシビックプライドの醸成が必要」という議論に異論をはさむ余地はありません。ですが次に何をするかということになると、なかなかアクションにつながりにくいのも事実です。福山市のばらによる「自分ごと化」は、それほど古くない過去の出来事を大切にして市民が一丸となり、連綿と紡いできたところに価値があります。枝廣直幹《えだひろなおき》市長が普段から襟元にばらをかたどったピンバッジを着用しているのも、1つの「自分ごと化」とも言えますし、福山市が誇る特産品のデニムのスーツを着こなす姿もまた、トップセールスを行う営業マンということ以上の意味を持っているのです。

官民の連携という点では、むつ市の宮下宗一郎市長は国の省庁出身という経歴もあってか、その手腕に長けています。地方の魅力を磨き上げ、伝えていくには、むつ市内のリソースに頼るだけでは、ほぼ不可能でしょう。そこで、「海峡サーモン」の養殖事業にNTTドコモのAIツールを使ったり、広報紙のリニューアルに伴いモリサワの多言語翻訳機能を導入するなど、民間で既に使われているソリューションを積極的に活用しています。里山事業からは離れますが、廃線に伴い使われなくなった田名部駅の活用を、事業発案・企画化段階から民間に意見を求める「サウンディング」という取り組みを国土交通省と連携しながら進めていることも、官民連携の1つと言えます。

最後に首長の姿を象徴的に取り上げましたが、ここで取り上げたみなさんの姿勢は、地域における地方創生の取り組みを行うプレーヤーすべてに言えることなのです。危機感がなく、どこか他人事で、行政に依存していると、すぐに地方はダメになってしまいます。平成の大合併で近隣自治体と合併せざるを得なかった市町村のいくつかは、そうした背景がありました。北海道の夕張の事例は古くなりましたが、「財政難」「超高齢化」「人口減少」という三重苦の姿は、多くの自治体が今も抱える主要課題であることに違いはないのです。

大切なのは、危機感を持って成功事例や失敗事例をできるだけ多く集められるようにアンテナを張り、自分のまちで「ないものねだり」するのではなく「あるもの探し」をしながら、官民一体となって里山資本主義的発想への転換を行うことではないでしょうか。

第5章

フロントランナーとして注目される実践者たち

村岡麻衣子

この章では、日本各地で里山・里海の資源を活かした活動を行っている5人の実践者を紹介します。まずは岡山県真庭市の中和地区で、地域に根差したプロジェクトをいくつも並行して進めるという「生業」のあり方を実践する一般社団法人アシタカの代表、赤木直人さん。2018年6月に開催されたJapan Times Satoyama推進コンソーシアム主催のスタディツアーと2019年には第7回Satoyamaカフェでお話しいただきました。

広島県倉橋島でちりめん網元を営む石野水産の石野智恵さん、山口県萩大島を皮切りに日本の漁業の六次化を進める株式会社GHIBLI代表取締役、坪内知佳さん、岡山県西粟倉村でヒノキを使った家具づくりや建築に取り組む株式会社ようびで、ようび建築設計室の室長を務める大島奈緒子さんはいずれも、2018年5月に開催された当コンソーシアムのシンポジウムに登壇し、自身の事業についてだけでなく、里山・里海の保存や有効利用に関わる事業者として今後自治体等に求めることなどについても語ってくださいました。

石野さんは、ちりめんだけでなく、ちりめんの加工品や海藻など、旬のものを一番美味しい形で消費者に届けることに信念を持って続けています。坪内さんは、漁業の多角化・六次化、水産資源の保護、漁業ツーリズムなどの取り組みが評価され、The Japan Times Satoyama & ESGアワードのSatoyama部門の優秀賞を受賞しました。鳥取県と岡山県の各地を巡るコンソーシアムのスタディツアーが2019年11月に実施された際にはようびを訪ね、大島さんに自然の中に佇む木造の社屋に込めた思いやこれからの展開についてお聞きしました。

岩手県の職員を辞めて、国産漆を作り、使い、守ることに人生を賭ける株式会社浄法寺漆産業の代表取締役、松沢卓生さん。2019年3月に第8回Satoyamaカフェに登壇し、漆生産の現状や漆の可能性、より効率的に漆を採取できる最新技術などについてお話しいただきました。

いずれも地域資源を大事にしながら活用し、地域や産業全体の活性化に取り組む好事例です。

地域の課題と資源を「生業」に変える
域外に流出した仕事をもう一度自分たちの手に

一般社団法人アシタカ代表
赤木直人

家族と過ごす時間も地域のつながりもない都会の生活に疑問を抱いた赤木直人さんは、岡山県真庭市中《ちゅう》和《か》への移住を決意。サラリーマン時代に培われたビジネスセンスを武器に、地域の資源を使った、グッドスモールビジネスをいくつも同時進行させて、コミュニティビジネスを活性化している。

Profile
大阪府出身。岡山の大学に進学。小売りチェーンのバイヤーなどを経て、妻の実家がある岡山県真庭市中和に移住。一般社団法人真庭観光連盟に就職。その後、一般社団法人アシタカを立ち上げ、地域にある資源を使った商品開発などを手がける。

地域を支えたいという思いから

大阪生まれで、岡山県の大学で情報工学部に進学しましたが中退して、そのまま岡山市内で就職し、大型小売チェーンでバイヤーの仕事などをしていました。

しかし、長女が生まれて、「マンションで隣人の顔も知らないような環境で、妻は子育て、自分はお金だけ稼いできて家族と過ごす時間もなかなか取れないような生活でよいのか」という疑問を抱くようになりました。たまに帰省する妻の実家のある岡山県真庭市の中和は、家族だけでなくコミュニティ全体が温かく迎えてくれる感じがしました。ここで暮らしたいという思いが強まり、2009年には中和の妻の実家で、同居を始めたのです。中和は、岡山県北部、中国山地に位置する約250世帯が住む小さな地域です。最初から何か計画があったわけではなく、真庭市内で職を探すところから始めました。

一般社団法人真庭観光連盟という真庭市全体の観光協会に就職し、旅行業関連や市のカーボンオフセット事業などを担当。働きながら旅行業の資格も取りました。そんな中、地域に支えられるばかりではなく、自分が地域に対して果たせる務めはなんだろうかとアンテナを張り巡らせているときに思いついたのが「いぶりこうこ」です（「こうこ」は大根の漬物を意味する方言）。要するに秋田県の特産品であるいぶりがっこを中和の環境や気候条件などに合わせて開発した商品です。農家の庭先に、余った大根が放置されているのを見つけ、なんとか無駄にしない方法はないかと考えたのです。まだ職員だった2012年から秋田県に何度も足を運んで製法を学びました。

4年間の試行錯誤を経てようやく、食品添加物を使用しないいぶりこうこを、秋田から遠く離れた中和の地でつくることに成功しました。売り先としてはネットや当社主催のイベントなどでの直販で50％、地域外の百貨店や小売店、飲食店への卸が50％と、販路が拡大し、販売開始1年目は1000本、2年目は3000本つくって完売したことをうけて、3年目は5000本つくることができました。

小さなコミュニティならではのスモールビジネスを見つける

このいぶりこうこがまだ試作段階だった2014年、アシタカを設立するきっかけとなるまきボイラーのプロジェクトに出会います。中和にある公共の温泉宿泊施設の津黒高原荘は、赤字経営が続いていたことから取り壊しの話が

販売開始から3年目には、5000本つくるまでになったいぶりこうこ

出ていました。

真庭市は端材や木材チップなどを燃やして発電するバイオマス発電を支援しており、国からバイオマス産業都市に選定されるなど、豊かな森林資源を活かした取り組みが評価されていましたが、津黒高原荘では、2基のまきボイラーを設置したものの、運営に関しては何も決まっていないという話が耳に入り、それならば自分が引き受けようと手を挙げました。このまきボイラーの運営開始を契機に、2015年に真庭観光連盟を退職し、アシタカを設立したのです。

津黒高原荘の温泉を沸かすために、まきボイラーを動かし続けるには、ま

津黒高原荘にまきを
納入する様子

きの安定供給が欠かせません。山からまきを集めてきて売ってくれる人を確保するため、約250世帯すべての家にチラシを配ったら、まずは14人が集まってくれました。自分の山にあるものがお金に変わるなら助かる、という人や、次世代のために荒れた山を少しでも整備しておきたいとは思っていたけれどなかなか手をつけられていなかったのでこの機会に、という人など、参加者の思いはさまざま。軽トラック1杯分のまきを6000円で購入します、と誰にでもわかりやすく、なるべくシンプルな形にしました。買い取ったまきはボイラーで使用できる大きさに加工し、乾燥させて、津黒高原荘に買い上げてもらっています。

まきボイラープロジェクトは少しの利益をみんなで分け合うので、これだけで生業《なりわい》として成立しないことは最初から計算済みでした。だからアシタカ設立後も、アルバイトをしながら新しい事業の種を蒔くという生活でした。1年目は3つのアルバイトをかけもちし、2年目に2つ、3年目からはようやくアルバイトをやめて事業に専念することができました。

次世代の実践者を育てる

いぶりこうこやまきボイラーのプロジェクトを始めたことで、新たな出会いもありました。地域資源を使ったスモールビジネスの実践者、また先輩移住者として、移住や起業を考えている人たちにヒントを与えられるのではと、2016年にスタートした「真庭なりわい塾」の委員に選んでいただきました。

この塾では、地域とのつながり方から、地域の困りごとを解決するためにどのような仕事を生み出していくかなどまで、中和の地域をフィールドにして、2年間、毎週末近隣の公民館などに寝泊まりし、実践しながら学ぶことができ

昔からさまざまな効能があると言われているクロモジ枝茶。
アシタカの人気商品の1つ

るのです。この塾の卒業生で中和に移住した方は、５組にのぼります。

また、中和には、クロモジという和菓子に添えられる楊枝の材料の木があちこちに生えています。これをお茶や精油にして販売しています。お茶は年間１０００パック分ほど、精油は５００ミリリットルほどを生産しています。お手伝いの呼びかけに応じてくれた６名をアルバイトで雇っています。椎茸のほだぎは毎年１０００本ほどつくります。地元の共用林を建築材として販売して得られた利益で林道を整備するなど、地域のインフラづくりにもかかわっています。

地域の小学生にも地域の活動にかかわってもらうため、地域学習の一環として、竹筒の中にもみ殻を詰めた竹燃料づくりを体験してもらいました。できあがったものは、軽トラック１杯１万円で買い取って、津黒高原荘のまきボイラーで使用します。子どもたちは、自分たちの力で得たこの売上金を交通費にして、

「学校の森・子どもサミット」に参加しました。

このように、課題や材料を見つけてはアイディアを出して、いくつものプロジェクトを同時進行しています。思いだけではなくて、事業を経済的に成り立たせるためにビジネスモデルをすぐに構築できるのは、会社員時代に身につけた小売業界や物流などの知識や経験あってのことかもしれません。

資源はあるのに、人材やスキルが失われていってしまったことで域外に流出せざるを得なかった仕事をもう一度地域の中に取り戻したいのです。

土木会社ももう地域内にはありません。行政からの支援が行き届かなくなっ

Column

赤木さんがかかわっている地元のプロジェクト

真庭なりわい塾

岡山県真庭市、真庭市中和地区、NPO 法人共存の森ネットワークが主催する塾。農山村で暮らすことを考えている人が、地域の課題や資源を「なりわい」に変える方法を実践的に学べる場を提供。受講者は2 年間、週末に中和地区で行われる講座（座学・フィールドワークなど）に参加する。

まきボイラーの
プロジェクトに
集まったまき

たとしても自治ができる地域にするためには、これ以上仕事が流出しないようにすること、なくなってしまった仕事は、アシタカが担うこと、それが目標の1つです。

私が、アシタカを始めた頃は、私のような小さな実践者の顔は、あまり見えませんでした。それが少しずつ見えるようになってきて、実践者の数も増えつつあるのは明るい兆しです。

また、自分自身も上の世代に支えられ、見守られて事業をやってきたので、これからは下の世代を育てていきたいと思っています。このことは事業内容が硬直しないためにも必要で、少しずつ仕事を任せながら、次の課題を見つけて新たにプロジェクトを立ち上げ、さらにより多くの方に参加してもらう、ということを継続し、コミュニティのゆるやかなつながりを保っていきたいです。
生産者と消費者が近い、この中和地区のスケール感だからこそ成り立つ仕事がまだまだあるはずです。

年表

赤木直人さんの取り組み

教育旅行を受け入れ、まき割り体験をしてもらう

2009年	移住して、中和の妻の実家で、同居を始める
2012年	この頃から秋田県に何度も足を運んでいぶりこうこの製法を学ぶ
2015年	真庭観光連盟を退職し、アシタカを設立する まきボイラーのプロジェクトに参加 クロモジ商品の販売を始める
2016年	「真庭なりわい塾」の委員に選ばれる 行政、企業と協働で森林整備イベントを始める 移住者用お試し住宅の管理を始める いぶりこうこの販売を始める
2017年	地域の夏まつりの実行委員になる 原木椎茸の販売を始める 地域のもち米を買い付け、玄米もち、白もちの販売を始める まきストーブの代理店を始める
2018年	地域の除雪作業を始める 株式会社冒険の森の役員になる

（写真はすべて赤木直人さん提供）

顧客とのつながりを感じたい 六次産業の本当の意味

広島県倉橋島ちりめん網元　石野水産

石野智恵

「漁から加工して売るところまでを自分でやりさえすれば六次産業になるわけではない」と語る石野智恵さん。コンサルティング会社時代のキャリアを活かして、メディアを巻き込み消費者とつながりながら、販路を開拓。ちりめんじゃこだけの販売から、冬にはひじき、アカモク、フノリなど、その時期においしいものの価値を伝え続ける。

Profile

広島県呉市倉橋島生まれ。実家の石野水産は1930年創業で、主にちりめんじゃこを扱う。高専で物流やプログラミングを学んだ後、信州大学で経済学を専攻。メーカーやコンサルティング会社でキャリアを積んだのち、結婚を機に地元に戻り、石野水産正社員として六次化に取り組む。2児の母。

経営コンサルティングの経験を故郷に持ち帰る

私の故郷は広島県最南端近くの小さな島で、コンビニも病院もなく、休みの日にはバスも休みで島から出ることもできないほど不便な場所でした。父母も、祖父母も島の人だったので、自分はまったく違う場所に行ってみたいと思い、長野県の大学に進学し、東京に本社のあるメーカーに就職しました。その後、小規模零細、家族経営に特化した新興のコンサルティング会社に転職しました。

クライアントの実績が伸びていくのを見ると、この経験を身近なところでも活かしたいと思うようになり、実家の石野水産の催事への出店を手伝ったり、会社案内を作成したりしました。特に催事では、直売を行う上で大切なことをいろいろ学ぶことができました。香りやシズル感のないちりめんで、どうやってお客様をひきつけるか、考えた結果生まれたのが、漁師の豪快なイメージを活かして大きなザルにちりめんを山盛りにするディスプレイです。さらに、そのちりめんを透明なカップに山盛りにして販売。お客様の目の前で山盛りに詰めている間に、どうやってつくったちりめんかを説明したり、おいしい食べ方を伝えたりするのです。これで一気に売上が伸びました。こうした実績に手応えを感じ、またちょうど同じ頃に結婚を決め、子育てを故郷でしたいという思いもあって、地元に戻って、実家の石野水産に入社しました。

六次産業化でお客様に喜ばれているという実感

今までのように市場に卸すやり方だと、自社の商品に自社で値付けができません。品質に関係なく全体の供給量によって価格が決まってしまうからです。その結果、自社の水揚げ量はあまり変わらないのに、売上が2、3割伸びたり、逆に半分になったりすることもありました。これでは、いくら鮮度よく、おいしく食べてもらうためにと工夫してつくってもやりがいがありません。会社としても経営が難しいのです。生産者はみんな、自分がつくったものが一番だと思ってつくっています。しかし、お客様の口に入るまでの過程で、石野水産という名前が消えてしまい、別の生産者がつくったものと混ぜ合わせて出荷されたりすると、私たちの努力は報われません。私たちがつくったものを食べたいと言ってくださる方に商品を届けることもできません。そこで行き着いたのが六次化でした。

石野水産の主力商品

直売のおかげでお客様と会話する機会ができ、「今の時期は地元ではこんなものを食べているんですよ」などと話すと、「それも食べてみたい。買いたい」というお客様も出てきました。そういった声に応えるため、商品の種類や売り方にもさらに工夫を凝らすようになりました。最初は贈答用として使えるような、見栄えのよい白くて小さなちりめんだけを販売していましたが、お子さんのいる家庭でたくさん食べてもらうなら、家庭用をつくってはどうかと、色や大きさに多少のばらつきはあっても手頃な値段でたくさん入った商品を販売してみたところ、今では広島県内全域に展開するスーパーなどでも品切れになるほどの人気です。また、それまでは細々と販売していただけだったひじきは、収穫時期の違いや、鉄釜を使って薪で炊き、二度干しをしているなど、製法の違いをアピールしたり、「水で戻すだけでサラダにピッタリ！」と強みをしっかり伝えることでブレイクし、県内の生協では3000個限定といった形で出さなければ生産が追いつかないほどの人気商品になりました。

もちろん自然が相手ですから、100％の安定はありません。しかし、食べてくださった方に喜ばれているという実感が一番です。豪雨災害の際には、お客様からのお手紙や救援物資が届いたこともあり、お客様とのつながりを感じられています。これは六次化のおかげです。ただ、これまでやってきた原料としてちりめんを卸すという売り方もまだ割合的には3割弱あるので、これを1〜2割程度に抑えることが理想です。そうすることで、経営が安定し、余裕ができます。そうすれば獲れるときにたくさん獲るのではなく、おいしいときにおいしくつくれる分だけを獲るという方針を貫くことができます。つくったものも安売りすることなく、商品を待ってくれている人に届けることで、必要以上の漁獲をすることなく、自然と共存しながら、誇りを持って続けることができます。これが何よりの喜びです。

その道のプロの経験に勝るものはない

茹でて干しただけの天然素材のちりめんは、たんぱく質もカルシウムも豊富で小さく食べやすいので、小さなお子さんにも食べてもらいたいと思っています。ですから、高価な贈答品のイメージを払拭するために販売方法を工夫したりすることで多くの人に食べてもらえるようになってきました。それでも、獲ったものすべてを消費できるわけではなく、小さく折れたものなどは家庭用に販売する手頃な値段の商品からも除きます。とはいえ、それも小さな命であることには変わりありませ

Column

石野さんが「活用」するネットワーク

佐野プレミアムイタリアン

https://www.facebook.com/ZENNOWAGYU/

Facebookで顧客と直接つながる。やりとりもスムーズで、更新もしやすい。

ポケットマルシェ

https://poke-m.com/

アプリで生産者と消費者をつなげる。

食べチョク

https://www.tabechoku.com/

記事が秀逸、つくり手のファンが多い。

んので、農作物のための肥料にするなど、使い道を試行錯誤してきましたが、お客様に食べていただける商品にはできないことに長年頭を悩ませていました。そんな中、HASHIWATASHIによる「倉橋島名物料理開発プロジェクト」で、倉橋のご当地メニュー、倉橋島お宝フリットを開発することになり、東京・代官山のイタリアンレストラン「ファロ」のシェフに相談したところ、ちりめんじゃこパウダーを考案してくれたのです。これまで口触りが悪く、売り物にできなかった小さく折れたちりめんじゃこを燻製にして粉にすることで新たな魅力を与えたこのパウダーは、倉橋島の名物料理に活かされただけでなく、「燻製ちりめんパウダー」として商品化に至ったのです。

また、販売も加工もデザインもその道のプロの方がいて、その方々の経験に勝るものはないと尊敬しています。また、どの地域にも商工会や市の産業振興課、またその他の支援機関があると思います。呉には幸いなことに、くれ産業振興センターという機関があり、10年以上のお付き合いの中で補助金やアドバイスをいただいています。プロの力を借りられるところは借り、助けていただいて費用を抑えられるところは助けていただくというのが、無理なく進められるコツなのかもしれません。

海藻の生産やちりめん加工の現場を見てもらう体験会

つくったものを想いとともに届けられるように

生産者は孤独です。野菜も魚もしゃべらないですよね。だからこそ、こうしていろいろなパートナーとつながったり、消費者とつながったりすることは重要です。このつながりを大切にすることで、商品を使う側にも商品に対する愛情がわくと思うのです。なんとなく買うのではなく、あの人があんな風につくっている商品だから買いたい、ということですね。

ただつくっているだけでは使う人まで届きません。売れる形にして発信しなければなりません。発信の仕方も、今の時代にはＳＮＳなどいろいろな手段があり、私たちも活用しています。実は私は営業が苦手でした。初対面の方とお話しすることも苦手で、きっと多くの方に無愛想な人だと思われたはずです。でも、限られたグループの中では深い関係を築けるので、ＳＮＳや自分でコミュニティをつくることができる販売アプリなどができて、水を得た魚のごとくコミュニケーションができています。

それでもパソコンやスマホだけでは伝わらないこともあり、お客様に直接会う機会がほしいと思うことも増えました。せっかくお会いするなら、私たちが生産を行っているこの場所を見に来てほしいと思い、加工の作業や海の様子を見てもらう体験会を始めました。体験会を通して、「ここまでやっているのか」と感心してくださるお客様もいました。こちらも、お客様と接したり、説明をしたりする中で、工程を見直した部分もありました。想いを込めてつくったものがきちんと使う人に届けられて、使う人が商品だけでなく私たちつくり手やこの島にも興味や愛情を持ってくださる、このつながりをつくることこそが里山資本主義の六次産業化ではないでしょうか。生産するところから加工して売るところまでを自分でやりさえすれば、それが六次産業になるとは思っていません。今後も私たちが理想とする形の六次化を進めていこうと思います。

年表

石野智恵さんの取り組み

1930年	石野水産創業
2002年	保管冷凍庫などを導入して六次産業化に踏み出す
2009年	催事販売、産直市場などでの販売をスタート。4代目社長がひじき製造の研究を始める
2011年	ちりめんの色彩選別機導入。ちりめんレシピの開発を強化、極小ちりめん販売スタート
2012年	販路を開拓。東京駅や、東京の広島のアンテナショップなど関東への販路を開く
2013年	石野水産の社員になり、より販路拡大へ。極小ちりめんが究極のお土産ノミネート100品に選定される
2016年	ひじきが生協などで人気商品になる。アカモク、フノリなどの開発
2019年	燻製ちりめんの粉の開発を始める。ちりめん加工などの体験会を実施

（写真はすべて石野智恵さん提供）

地域資源を活かしたビジネスの先進地・西粟倉村で持続可能なコミュニティを実現する

株式会社ようび　ようび建築設計室室長
大島奈緒子

林業中心の地域再生を通し上質な田舎づくりを目指す岡山県西粟倉村。ここで家具職人としてキャリアをスタートした大島正幸さんと建築家の奈緒子さんは森を守り、やがて風景になるものづくりを実現したいと、事業を開始。工房が全焼するも復活を遂げ、2018年、再び創業の地で新工房をオープン。今では教育、地域づくりと活動は多岐にわたる。

Profile
1982年、大阪生まれ。滋賀県立大学卒業後、岐阜県高山市で住宅店舗の設計に従事。2009年、夫となる大島正幸さんと訪れた岡山県西粟倉村に移住。家具づくりから内装の提案や施工、建築まで幅広く手がける株式会社ようび（代表取締役・大島正幸氏）のようび建築設計室の室長を務める。

森林資源に恵まれた小さな村に魅せられて

建築を専門としていますが、材料となる日本の森林の現状や林業についても興味がありました。広葉樹の森林資源に恵まれた岐阜県高山の建築会社に就職し、建築家としては素晴らしい環境で仕事をしていましたが、2008年のある日、岡山県にある西粟倉村というところがおもしろいからちょっと来てごらん、と知人から誘われたのです。西粟倉村は、岡山県北東部に位置する、人口約1450人、森林率95％の小さな村です。日本はそもそも森林率の高い国ではありますが、各地には何十年も前にヒノキや杉が植林されたまま、手入れされることも利用されることもなく荒れてしまった森が多く存在します。ところが、のちに夫となる大島正幸と一緒に向かった先には、あきらめずにていねいに手入れされている西粟倉村の森がありました。ここは、つくり育てた資源の宝庫を使うというシステムをうまく機能させられる場所だと感じました。また、材料があるところで仕事をする、ということは私たちにとってごく自然なことに感じられ、正幸は西粟倉村を訪れたその日の夜に、ここで起業する決意を固めました。高山で家具をつくっていたのですが、すぐに準備を始めて翌年の夏

＊**百年の森林構想**　約50年前に次世代のために木を植えた人々の想いを大切にして、次の50年も大切に受け継いで立派な百年の森林に育て、自然の恵みを分かち合う上質な田舎をつくるという西粟倉村の構想。これを実現するため、森林整備や木材の商品化、森を育てていくための「共有の森ファンド」などを展開している。

には西粟倉村へ移り、ヒノキを使った家具づくりに取り組む「木工房ようび」を設立しました。高山にもまだやりたい仕事があり、すぐには動けなかった私は約2年半遅れで引っ越し、合流しました。

試練を乗り越えて、材料のあるところでのものづくりにこだわる

木工房でつくる家具からスタートし、その家具を置く部屋の内装や、さらには建物そのものまで、次第に仕事の幅は広がっていきました。２０１３年に株式会社ようびとして法人化。２０１５年には長女を出産すると同時に、本格化してきた建築の事業を「ようび建築設計室」と命名し、事務所を設立、私が室長に就任しました。株式会社ようびの経営者として会社全体の管理運営、職人の育成から外部とのプロジェクトや講演などは、代表の大島が手がけるというように役割分担ができていきました。

また、材料を取り寄せるのではなく、材料のあるところに拠点を設けようという発想から、森林資源豊かな東京の奥多摩にサテライト工房をつくります。

しかし２０１６年の１月、西粟倉の工房の全焼火事により状況が一変します。

一夜にして材料も在庫も道具もなにもかもが灰と化してしまったのです。消火活動を終えて、朝になって現場の様子を目の当たりにした私たちスタッフ一同は、呆然と立ち尽くし、まずは全員の無事に感謝することが精一杯でした。

しかし大島代表がその場で、ここでやり直すという宣言をしたのです。これで全員が1つの方向を向くことができました。

家具制作のスタッフは、奥多摩のサテライトオフィスに移動して、受注している分の制作を始めます。代表が火事の後処理や取引先への謝罪などで駆け回り、私は片付けの陣頭指揮をとりました。移住者である私たちを迎え入れ、気にかけてくれていた西粟倉村で、仮工房として使える場所を探しました。4月には新入社員が入ってくることも決まっていたので、一刻の猶予もありません。幸い、村の方のご厚意で場所は確保でき、3月末には奥多摩のスタッフは引き揚げて、またみんなが1つの場

工房の火災と再興

所で仕事をすることができるようになりました。

たくさんの方々が私たちのことを心配し、できる支援はないかと考えてくれました。火災後すぐに「ようび助け合いプロジェクト」を立ち上げ、SNSなどを利用して支援の方法を模索してくださった取引先の方もいました。ようびの商品を買うことで支援しようというコンセプトのオンラインショップ、「負けるな、ようび、愛してる」は、有志の個人や企業、財団などにより企画されたものでした。私たちとしても、いただいた支援に対してはお返しをしたいと考えた時、やはり、家具を必ずつくってお届けすることが一番だと思いました。仮工房はあっても家具を見ていただける場所がないというのでショールームも開きました。

工房の再建には銀行からの融資も必要でしたが、融資においても、すでに受注がこれだけあるというのを見せられるのはプラスに働くはずなので、みなさんからのご支援は本当にありがたかったです。

それでも再建への道のりは険しいものでした。ですが、たくさんの方の応援のおかげで私たちは、なんとか創業の地でもう一度工房を再建しようと、ツギテプロジェクトを立ち上げました。SNSを利用して多くの方に呼びかけ、ツギテノミカタと名付けた支援者を募りました。ツギテノミカタの皆さんは、金銭的な支援から、家具を発注するという形での支援、差し入れなどいろいろな形で再建を支えてくれました。またこのプロジェクトを通じて、のべ600人を超える人々が真冬にも真夏にも全国各地から西粟倉村に来て、再建のための作業を手伝ってくれました。毎日誰かが泊まっていて、みんなで一緒にごはんを食べていたのです。私たちは工房を設計する上でも、みんなで食べるということをも大事にしました。

例えばどの部屋からも食事をする場所にアクセスしやすいようにする、といったことですが、これは火事のあとでスタッフとのコミュニケーションの中で発見したことに基づいています。「私たち、火事の日から、一緒に食べていたから今があるよね」ということです。みんなで食卓を囲むことには、大きな意味があると考え、何人手伝いに来てくれてもみんなで食べられる量の食事を毎日つくり続けました。

作業はもちろん簡単なものではありませんでした。木とともにあるようびの新しい工房は、一人では設計できなかったので、木造建築の専門家で友人でもある与語一哉さんを口説き落として仲間になってもらいました。2017年7月に建築のための材料が届き始めてから、たくさんの職人やツギテノミカタとともに、合計約550本の柱を使った新工房づくりを暑い日も寒い日も続け、ついに2018年5月に完成を迎えました。

自然との対話、人との対話で見えたことを日本の里山へ広げる

私たちはみんなでこのプロジェクトに携わったことによって、コミュニケー

「ホタルスツール」と木をふんだんに利用したマンションリノベーション

ションとしてのものづくりの力を知りました。最初は元々つながりのあった人たちが何か力になりたいと駆けつけてくれたところからでしたが、建築も進み終盤に入ってくると、「何かおもしろいことをやっていると聞いたからやってみたくて」とようびを知らない人までプロジェクトに参加してくれたのです。ものづくりを通じて人が集うことの魅力や喜びを実感しました。

たくさんの人と一緒に、火事で一度は損なわれた風景をつくり直すことができたのは、当社の企業理念である「やがて風景になるものづくり」に通じる経験だったと思います。

創業10年を迎え、仲間の数も15名になり、公共施設や宿泊施設などご依頼いただける仕事の規模も大きくなってきました。これからのようびの役割は、たくさんの方々の支えもあって達成してきたことを、ようび自体や西粟倉村の中にとどめないで、日本のあちこちで活かしていけるような活動展開をすること、また人材育成をすることだと思っています。私自身としては、目の前のことに向き合い、家族や地域が生きていくための対話や自然とのかかわりを、建築という手法を通して、アシストしていくことだろうと思います。一方で、西粟倉村では役場と協力して「むらまるごと研究

再オープンの日、ツギテノミカタと喜びあう

Column

大島さんが活用しているオンラインサービス

木工内外のコミュニケーション
Slack、メッセンジャー

業務系
Eight、Googleドキュメント、freee

web shop
BASE

SNS
Facebook

イベント系
Peatix、Coubic

所」という組織の立ち上げを準備しており、ここでは主に新しいテクノロジーを地域に実装し、幸せな村づくりのヴィジョナリーとしての役割を持つことになりました。これからの西粟倉村も楽しみにしていてください。

年表

大島奈緒子さんの取り組み

2009年	夫の大島正幸さん、岡山県西粟倉村に移住。正幸さんが、「木工房ようび」を始める。東京ビックサイトの東京国際家具見本市（IFFT）に「felice Table」を出品する
2012年	鳥取県立智頭農林高校にて講演。全員参加で、デンマークで研修を行う
2013年	株式会社ようびを設立する。ようび本店ショールームをオープンする
2014年	日経スペシャル「ガイアの夜明け」（テレビ東京系）に出演
2015年	長女が誕生。東京都奥多摩にサテライト工房を設立する ようび建築設計室の設立を公式に発表する
2016年	工房が失火で全焼。「負けるな、ようび愛してる× BASE ×ココホレジャパン×福武教育文化振興財団」を企画する。新ようびの日用品店をオープンする
2018年	新しい工房が完成する

（写真は片岡杏子氏、八田政玄氏、他撮影）

日本の水産業を救う女性起業家が巻き起こした六次産業化という革命

株式会社 GHIBLI 代表取締役

坪内知佳

福井県福井市で生まれ、高校在学中に留学した坪内知佳さん。名古屋の大学でも英語を学んだものの、体調を崩して自宅療養。2007年、山口県萩市で結婚、出産。その後シングルマザーとして仕事と子育てに奔走する。萩大島の漁師たちと出会い、漁業の生き残りをかけて「萩大島船団丸」を結成し、六次産業化を推進。現在は事業を多角化して、水産にかかわる事業を幅広く手がける。

Profile

山口県萩市でシングルマザーとなった坪内知佳さんは、24歳で漁業という未知の世界に飛び込む。萩大島の漁師たちとともに生き残りをかけ、六次産業化に取り組んだ軌跡は、日本各地の漁業従事者にとってモデルとなっている。

漁業の根本を変える

萩の人と結婚して息子も生まれたものの、離婚したあと萩を離れなかったのは、息子にとって故郷であるこの場所での生活を守りたいという思いがあったからだと思います。生活は楽ではなく、英語やパソコンを使った仕事や企画や接客など、自分にできることはなんでもやるというスタンスで家計を支えていました。

そんなときに出会ったのが萩大島の船団の現船団長、長岡秀洋さんでした。2009年のことです。出会って1か月後に突然、「地元の漁業の再建に手を貸してほしい」と頼まれたのです。漁獲量が減って先行きが不安な上、魚の消費量も減っていました。当時の萩大島の漁師たちの中には、漁業だけでは食べていけないと言う人もいました。漁業のことなどまったく知りませんでしたが、漁師たちが持つ未来への危機感には共感するところがありました。また一方で、何か新しいことが始まりそうだという希望も感じられ、仲間になることを決意し、2010年に「萩大島船団丸」を結成しました。ちょうど同じ年に、農林水産省が六次産業化・地産地消法を公布し、この法律に基づく認定プログラムが開始することになりました。根本的にやり方を変えていかなければ、漁業を続けていくことは難しいと考えていたので、六次産業化に希望を見出し、漁協との衝突を乗り越えて、２０１１年、このプログラムの中国・四国地方での認定事業者1号となったのです。

切り開いた直売の手法を全国の漁港にも

レストランやホテル、個人などに直接魚を販売する、ということなのですが、これはそう簡単なことではありませんでした。まずはこれまで魚を卸していた漁協からの反発に遭いました。そこで、すべての魚を直売にするというのではなく、アジやサバなどの主要な魚はこれまで通り漁協にまわし、それ以外の魚をできるだけ直売する、しかも漁協の収入に影響が出ないよう、直売分も漁協に手数料を支払うことで同意を得られました。

直売することで得た利益から、従来通りの比率で漁協にも手数料を支払うことで、自社が儲かれば、地域も潤う仕組みをつくりました。また、天候不良で漁に出られない日が続いたり、漁獲量が少なかったときには逆に漁協から魚を仕入れ

萩大島船団丸の漁船

契約先に直送する鮮魚を詰めた「粋粋BOX」

れば、直売のお客様からの注文をキャンセルせずに済みます。しかし、新たな売り先は自分の足で開拓するしかありません。子どもを保育所に預け、東京や大阪などに足繁く通っては、客として料亭やレストランに赴き、打ち解けてから魚の直売についての話を聞いてもらうという地道な営業活動を、足がまめだらけになっても続け、売り先を確保していきました。船団丸始動から9年、現在では、直売の契約件数も500件を超えるほどになりました。

2014年に法人化して株式会社GHIBLI（ギブリ）となり、多角化を始めています。

漁師というのは季節労働である上

に、漁ができる季節であっても、毎日、全国漁業協同組合連合会から許可が下りなければ、漁に出られない仕組みになっているため、漁のできない期間の方が長いのです。六次産業化により利幅を上げる以外にも、漁師の生活を安定させる方法を考えていかなければなりません。法人化して漁以外の仕事を生み出すことを考えました。1つは萩大島船団丸の六次産業化モデルの水平展開。メディアでの露出や書籍出版のおかげもあり、多くの方に我々のことを知ってもらった結果、日本各地の漁業従事者から相談を受けることが増えました。

漁業をなんとかしなければならないという思いは同じでも、地域ごとに抱える問題は少しずつ異なります。それを汲み上げながら、現在、高知、北海道、鹿児島の漁業者へのコンサルタント業務を行っています。私だけでなく、最も現場を知る漁師自身もコンサルタントです。

この中で鹿児島でのプロジェクトは、2019年11月に薩摩川内船団丸という名称で動き出したばかりです。力を合わせ、川内の海で獲れるおいしい魚を、誇りを持って日本全国の人に届け、次世代から憧れられるような漁師でありたい、という漁業者のみなさんと一緒に、六次化を進めるべく、現在は梱包材や詰め方の工夫、テスト発送などを行っています。

もう1つは、漁師の生活や漁業についての理解を深めてもらうためのスタディーツアーの企画・運営です。これにはのべ数百名もの参加者が集まりました。そのため、今後は宿泊も可能にし、漁師民宿として運営できるよう、旅行業の許可も取得して準備中です。

海の宝は魚だけではない。真珠を通して考える里海の環境

真珠というと漁業からは少し離れたもののように見えるかもしれませんが、真珠も海産物です。魚を買ってもらうことで、漁師の生活や漁業が守られ、適切な漁のおかげで海の生態系の

Column

坪内さんが主に利用しているオンラインサービス

CAMPFIRE
プロジェクト単位で支援を募りつつ知名度もアップできるツールとして、主に新しい商品やサービスをスタートする際に活用。

Facebook
クライアントや支援者、事業関係者だけでなく、書籍や出演番組などで知ってくれた方々とのコミュニティづくりのために活用。

自社サイト
商品の説明、講演会や取材、視察スタディーツアーの問い合わせ画面があり、サイト上から商品の注文もできるようになっている。
http://sendanmaru.com/

バランスが保たれて、日本の里海の環境が守られます。それと同じように、一粒の真珠のストーリーを通して、海の実情を知ってもらうことで、美しい真珠をつくることができる美しい海を守り続けられるのではないか、真珠の生産者さんたちとの出会いの中で、そのように感じました。大きさや形がわずかに規格から外れているという理由で値がつかず、流通に乗らなかった規格外の真珠がたくさんあります。それらを生産者さんたちから直接、適正な価格で購入することで生産者を支援しています。漁師と同じく、自然を相手にする真珠生産者もまた、売上の安定化や海の環境保全に腐心しています。志摩や石垣島、宇和島や琵琶湖などの生産者から購入した真珠は、このプロジェクトに賛同してくれたジュエリー作家さんたちが、どこの誰が、どの海で、どんな思いでつくった真珠かを、きちんとお客様に伝えたいという思いを持って、1点もののジュエリーに仕上げます。真珠生産者とジュエリー作家と購入者を、「海」というキーワードでつなぎたいと考え、ブランド名は、「エウリピデス」としました。これは、紀元前480年頃に生まれた古代ギリシアの詩人の名前です。彼は、「海は人のけがれを洗い流してくれる」という言葉を残しています。海の環境保全に対し、人々の意識を高めるための入り口はたくさんあった方がよいですよね。

魚だったり、真珠だったり、きっかけは人それぞれでも、日本の海の美しい景観を守ることに一人でも多くの人が関心を寄せてくれたらと思っています。

年表

坪内知佳さんの取り組み

2007年　翻訳と経営のコンサルティングの事務所を始める

2009年　萩大島の船団の現船団長、長岡秀洋さんと出会う

2010年　萩大島船団丸を結成。港から契約先に直送する「粋粋 BOX」を始める

2011年　六次産業化支援プログラムの中国・四国地方での認定事業者１号となる

2014年　ウーマン・オブ・ザ・イヤー2014のキャリアクリエイト部門受賞

2017年　「カンブリア宮殿」（テレビ東京系）に出演。『荒くれ漁師をたばねる力 ド素人だった24歳の専業主婦が業界に革命を起こした話』（朝日新聞出版）を出版

2019年　「粋粋 BOX」の契約数が500件となる
真珠事業に参入し、クラウドファンディングをスタートさせる

（写真はすべて坪内知佳さん提供）

国産漆を救う活動を行政から民間へ
産業全体の活性化を地域を超えて推進

株式会社浄法寺漆産業　代表取締役

松沢卓生

岩手県職員だった松沢卓生さんは、国産漆の大半が岩手県で生産されていることを知る。需要縮小にさらされている漆をなんとか残そうと、ひとりで起業。当初は苦戦するが、国宝・重要文化財建造物の修復は国産漆を使うという思わぬ需要が生まれたことをきっかけに、漆産業そのものを存続し発展させようと、文化財だけでなく産業分野でも漆活用の道を探っている。

Profile
岩手県盛岡市生まれ。岩手大学卒業後、岩手県職員に。漆振興担当になったことがきっかけで退職し、株式会社浄法寺漆産業を設立。漆の精製と販売、漆製品・工芸品の企画・制作・販売を手がける。一般社団法人次世代漆協会理事として、漆の木を育てている。

漆産業全体を守りたいという思い

岩手県職員時代に、県の特産品である漆の振興担当者になったことが、漆との出会いです。漆が採れるウルシノキは、昔は日本のあちこちに植えられていました。しかし、国産漆の需要は減り、産業として成り立たなくなってきました。ウルシノキは、かぶれを起こすという性質上、邪魔もの扱いされ切られてしまったり、ウルシノキの栽培や漆の採取に新たに参入しようとする人もなかなかいないため、生産量もますます減っていきました。現在、日本で漆器などに使われている漆の97％は中国やベトナムなどの外国産で、国産はわずか3％ほどしかありません。その73％を岩手産が占めています。

なんとか国産漆がゼロになってしまわないように、自分にできることはないか、と考えるようになりました。岩手県は、漆を使った漆器の生産地でもあるため、行政の担当者としては、漆と漆器の両方を振興するために、漆掻き、漆塗り、漆を使った文化財やアートなどさまざまな業界とかかわってきました。それぞれの業界の人は、それぞれの業界でのプロフェッショナルです。しかし私のように漆産業全体の側面を俯瞰的に見ることができるポジションは他にありませんでした。しかし、公務員には、部署の異動があります。異動すれば、漆とはまったく関係のない分野を担当することになります。漆の担当になってから4年の間に積み上げた知識や築いてきた人脈を活かしきれないまま終わってしまうのはもったいないと思い、思い切って起業することにしました。妻は「事業を起こして成功するならば辞めてもいい」と背中を押してくれました。同僚や上司にも説明してまわりましたが、まさか辞めるとは思わなかったという方も多かったようで、引き止められることもありました。

再発見された漆の活用法に応えた少量販売

漆の原液を仕入れて精製・加工し、チューブに入れて販売するのが主な事業です。起業当時は、需要が少なく、売れ残るという状況だったので、販路の拡大が一番の課題でした。高価な国産漆を、5グラムや10グラムという少量から買えるようにチューブにして、オンラインショップでも購入できるようにしました。最近は、「金継ぎ」[※]がブームになっており、趣味で漆を使う方も増えてきたので、少量の漆チューブがよく売れます。また、漆の用途を広げるために、

＊金継ぎ　陶磁器の割れや欠け、ヒビのある部分を漆を接着剤にして修復し、金などの金属粉で修復箇所を装飾して仕上げる技法

ガラスと漆のコラボレーションや、自動車や電車の内装デザインへの漆の使用など、今まで漆を塗る対象ではなかったものと漆との組み合わせも積極的に提案しています。

クラウドファンディングにも興味があったので、利用しました。残念ながら目標金額の達成まではこぎつけられませんでしたが、資金調達は当初からの課題です。これら漆を使った商品と、素材としての漆との売上の割合は半々くらいです。他に漆器の修理や講演会講師も収入の一部です。

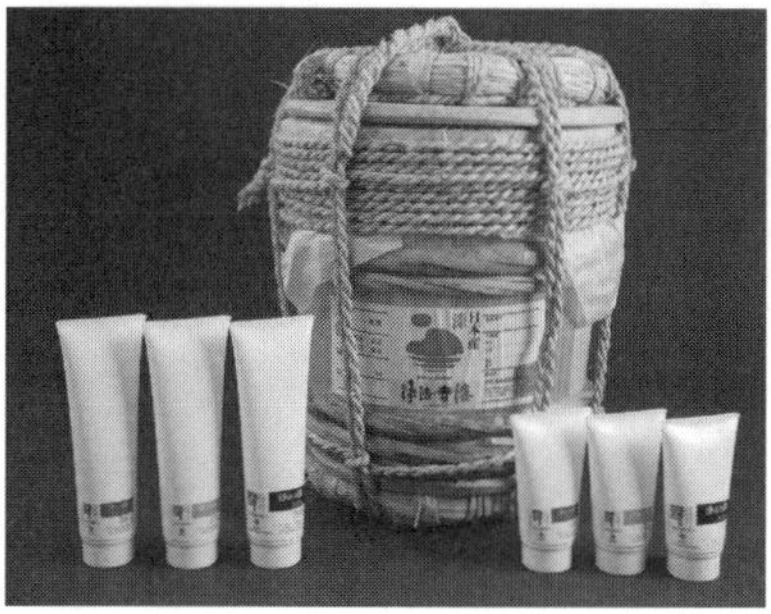
少量から買えるようにチューブにして、オンラインショップでも購入できるようにした

2018年度から、文化庁が国宝・重要文化財建造物の保存修理には原則として国産の漆を使用することを決定しました。国産漆は高価でなかなか使えないという意識が広まっていて、文化財の修復などに使われる漆も国産のものは少量でした。この方針は画期的なもので、国産漆の保護という側面からも大きな意味があります。漆の産地自体が減ってしまっているので、今度は生産が追いつかなくなりました。今では

つくってもつくっても足りないので、どんどん新しいウルシノキを植えていく必要があります。

そこで浮上した課題が、2つあります。1つは資金・人材面での課題、もう1つは、ウルシノキの栽培・漆の採取の効率化という技術的な課題です。設立当初は自分ひとり、現在では3人という規模の会社で、経営もまだ順調とは言いがたいです。したがって収益化まで時間がかかる苗木栽培、植樹まで手がけることは資金的にも人材的にも困難な状況です。

漆とガラスのコラボレーション。「ウルシトグラス」は、グッドデザイン賞を受賞した

〝漆かぶれ〟の仲間たちと共に社団法人とNPOの活動を開始

一次産業的な部分は営利目的ではない組織で受け持って進めることになり、

2018年、一般社団法人次世代漆協会が発足しました。代表理事には、盛岡市で林業を営む細越確太さんが就任しました。細越さんとの付き合いは、1本の電話から始まりました。「森の中での作業中に、ウルシノキを見つけたがどうしたらいいか」と電話で相談を受けたのです。

見に行って話をするうちに意気投合し、ウルシノキの生産を進めようということになりました。到底2人だけでできることではないので、SNSなどを利用して植樹イベントなどへの参加者を募って活動するうちに、多くの協力者をまとめる必要が生じ、組織化したのがこの社団法人です。さらに、賛

Column

松沢さんが主に利用しているオンラインサービス

Facebook
株式会社浄法寺漆産業のフェイスブックページは、4300人を超えるコミュニティになっている。

Twitter

Instagram
オンライン会議や連絡には、ZoomやChatwork、LINEやメッセンジャーなどを利用している。

同者や関係者との連携を支え、国産漆をより広くアピールしていこうとマーケティングの専門家である柴田幸治さんが理事長を務めるＮＰＯ法人ウルシネクストが設立されました。

　柴田さんとの出会いは、２０１８年に東京ビッグサイトで開催されたギフトショーでした。当社のブースの前で、漆というのはちょっと珍しいなと、柴田さんが足をとめて話を聞いてくれたことがきっかけです。これで、生産（社団法人）・販売（会社）・啓発（ＮＰＯ）という3本の柱ができたわけですが、社団法人とＮＰＯは運転資金が課題で、現在は役員の手弁当で運営しています。ウルシノキが育ち採取できるようになるには時間がかかるので、企業や個人からの寄付を募りつつ、種や苗木の販売、講演活動を行っています。

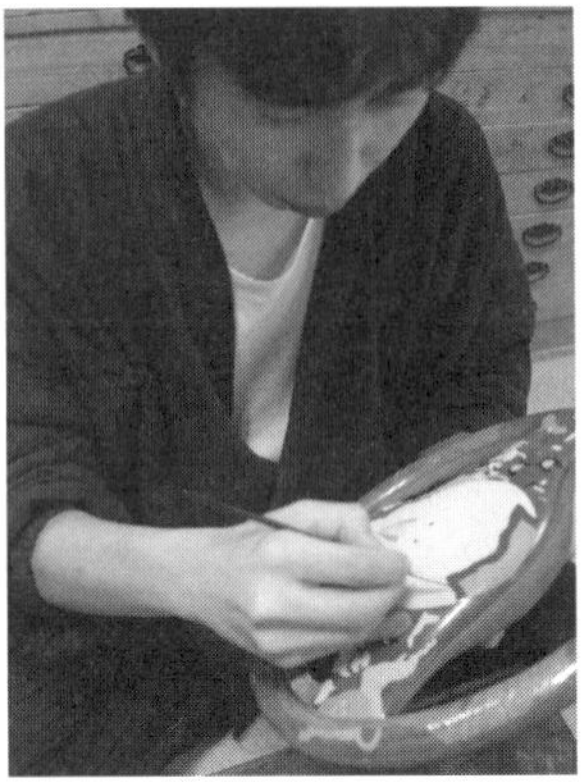

トヨタ自動車とコラボレーションした「漆塗りアクア」

　技術的な面では、重要文化財の修復だけで毎年2トンの漆が必要なので、安定供給ができるよう、試行錯誤しています。ウルシノキの種は非常に育ちにくいので、住友林業の協力も得て、種の発芽率を上げ、苗を増産する研究が進められています。ウルシノキは15年ほどで成木になるのですが、15年も待てないというのが現状です。そんな中、植物に衝撃波を当てて細胞を壊し、液体だけを取り出す、衝撃波破砕技術というものがあることを新聞記事で知りました。リンゴに衝撃波を当てて圧力をかけるとジュースができるという記事を見て漆にも応用できるのではと思いつき、現在、国立沖縄工業高等専門学校と一緒に研究を進めています。ウルシノキの樹皮に傷をつけ、しみ出た漆をヘラで掻き採るという従来の漆掻きに比べて倍以上も多くの漆が採取でき、さらに、15年経たない若い木からも採れることがわかりました。これまで、15年の成木から200グラムの漆を掻いて採っていたところを、この技術を使い5年の木から100グラム、3年の木から80グラム、といった具合に採取可能になれば、需要に応えられるようになりそうです。

これからはさらに企業との連携を続けてい

きたいと思っています。

例えばＪＡＬグループは、「ＪＡＬ　新ＪＡＰＡＮ ＰＲＯＪＥＣＴ」活動の一環として、機内誌などで漆の魅力や我々の取り組みについて紹介したり、ＪＡＬグループ社員がウルシノキの植林を手伝ってくれたりしています。

プロダクトデザインや接着・塗料としての漆という観点からは岩手大学と連携していますが、ウルシノキの育て方に関する研究はまだまだこれからです。八幡平市でスイス宝飾職人協会（ASMEBI）の工芸家20名を対象に漆セミナーも開催しました。このような国際的な取り組みも増やしていきたいです。

漆は、中国などではその強度から、パイプラインや原子炉などにも使われています。このように抗菌性と強度があって、紫外線で分解できる素材はなかなか他にはありません。日本でも建築や自動車など、先入観なしにさまざまなものへの漆の利用を考えていきたいと思っています。

一般社団法人次世代漆協会は現在、九州や四国をはじめ全国の苗木業者にウルシノキの苗を育ててもらっていますが、今後さらに多くの苗木業者と提携し、苗を増やしていく予定です。ＮＰＯ法人ウルシネクストは、育った苗を全国のウルシノキの栽培に関心を持つ地域に提供し、ノウハウの共有などのサポートを行います。これまでは、木が育っても漆掻きをする職人が足りないことも課題の1つでしたが、衝撃波破砕技術の利用が実現すれば、これも解決できると期待しています。

年表

松沢卓生さんの取り組み

1995年	岩手県庁入庁
2005年	岩手県職員として漆振興の担当となる
2009年	岩手県庁を退職。個人事業として「浄法寺漆産業」を始める
2011年	グッドデザイン賞受賞（浄法寺漆）
2012年	法人化「株式会社浄法寺漆産業」を始める
2013年	グッドデザイン賞受賞（ウルシトグラス）
2015年	浄法寺漆仕様アクア（自動車）を発表
2016年	グッドデザイン賞受賞（茶筒）
	LEXUS NEW TAKUMI PROJECT岩手県代表に選ばれる
	日本航空とのコラボレーションで、椀・酒器セットを企画販売する
2017年	JR東日本「TRAIN SUITE 四季島」客室内装に漆塗りパネルが採用される
2018年	一般社団法人次世代漆協会の設立にかかわる
2019年	特定非営利活動法人（NPO法人）ウルシネクスト立ち上げ

（写真はすべて松沢卓生さん提供）

第6章

対談 里山資本主義の新たな可能性

藻谷浩介×御立尚資

今後の里山資本主義を考える上で、
重要なことは何か。
都会対地方といった
二項対立に終わらせず、
次の段階へと
動き出すことはできるのか。

藻谷浩介

12％も伸びている成長産業とは？

藻谷　里山資本主義の現状を考える上で、まず、興味深い数字の話から始めましょう。

以下は、２００７年と２０１７年の比較です。２００７年と言えば、２００８年９月に起きたリーマン・ショックの前で、欧米のバブル景気を受け、日本も輸出産業が好調でした。そして２０１７年は、アメリカのドナルド・トランプ大統領によるバラマキもあって、またまた経済がバブルっぽくなりました。そのように景気の山である２００７年と２０１７年とを比べるとどうなっているか。

まず、日本の名目ＧＤＰ（国内総生産）の伸びは３％です。研究開発費まで組み入れて成長を演出しようとしていますが、実態はほぼゼロ成長ですね。日本人の国内での個人消費も２％増で、年率に換算すれば０・２％と、横ばいです。そんな中で、訪日外国人の国内での消費額は、３・９倍に増えました。

御立　２０１７年は、日本に来た外国人が2800万人を超えました。

藻谷　2007年は835万人ですので、それに伴って消費額も増えたのですが、でも総額でまだ4兆円程度ですから、250兆円規模の日本人の国内消費の停滞を、補うには至っていません。

ところで、もう少し大きい10兆円規模の産業で、この10年間に売上が12%伸びたものがあります。何でしょうか？　私はこれをクイズとして、最近は講演のたびに聴衆のみなさんに答えていただいています。

ちなみに国内の工場の出荷額は、同じ時期に10%ダウンです。理由は内需の不振です。輸出だけなら3%ダウンで、不振とは言えません。リーマン・バブルの輸出の絶好調期に比べて3%ダウンという数字は、ほぼ横ばいと言ってもいいのです。しかし国内でモノが売れませんでした。

御立　海外生産が増え、日本国内からの出荷の伸びも以前のような勢いがあるわけではないものの、それでも日本の製造業は輸出の面では好調な状態が続いている。にもかかわらず数字が落ちているのは、国内のモノ余りの直撃を受けたわけですね。

藻谷　そうなんです。ではそんな中で、売上を12%も伸ばした産業は何だったのか。

それは、農業です。売上とは別に生産農業所得という農家の所得の統計がありますが、この数字は25％もアップしました。

御立　それはすごいですね。若い新規就農者は増加傾向だというデータもあるので、そういう人たち一人あたりの数字がすごく伸びているということでしょう。

藻谷　既存農業者の半分以上は高齢者で、売上も所得もそうそう伸びているとは思えないのですが、若者や企業を含む新規参入者が相当に頑張って、輸入農産品とバッティングしないような相対的に高価格の国産食品を、健康志向の強い中高年消費者に売ることに成功しているのです。その証拠に、農業の中での伸び頭は穀物や花ではなくまず肉類、次いで卵、生乳、野菜です。

農業以外では、なんと林業の産出額も6％伸びました。恐らく半世紀ぶりの現象ではないでしょうか。

『里山資本主義』の出版は、２０１３年の7月でした。その当時は、まだこういう傾向は数にははっきりとは出ていなかったのです。ですが全国の里山には既に、新たに農業や林業を生業にした若者たちが増え始めていました。外国人に里山を体験させる観光会社も出てきていたのです。

御立　彼らは、精神論で霞を食って生きていたわけではなく、その頃から農林業や国際観光の売上が増え始めていたんですね。

藻谷　出版当時、「『里山資本主義』な

んて格好つけてるけど、都会に不適応な一部の若者が田舎に引きこもって、お金のない現状を正当化しているだけ」と思った人もいたことでしょう。ですが現実は違いました。

もちろん高度成長期から農業や林業を続けている人たちから見ると、昔の何分の一にまで売上の落ちた状況から、ほんの少しだけ伸びたという話でしかありません。彼らにしてみれば、「その程度伸びたくらいで何を威張っているんだ。昔はこんなものではなかった」となります。ですがそういうことだからこそ、年寄りばかりが幅を利かせる分野に未来はなくなるわけです。過去10年間に農林業を始めた人は、売上が伸びている状況しか知らないわけで、希望しかない。

御立尚資

御立　時間軸とデータの両方をきちんと評価して見られるかが重要だとつくづく思います。同じ時代に生きていても、評価の基点が世代によって違うわけですよね。

藻谷　ですから昔を知っている世代は、こんなに凋落してきた農業を次世代には

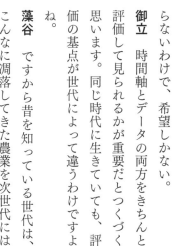

継がせられないと思い込んでいる。子どもは公務員にしようと、必死になって大学に通わせる。でも逆なんです。

高齢者の激増する日本で公務員になったら、給料は下がる一方です。他方で農業や養殖漁業の世界では、千万円単位の年収のある事業者が続々と出てきているのです。

なぜ夕張は夕張メロンを活かせなかったのか

御立　数字の話でいうと、市町村合併していないところで人口が増え始めているという話があって、藻谷さんから本当かどうかお話を伺ったあと、この『「地域人口ビジョン」をつくる』（農山漁村文化協会）を読んで勉強してみようかと思っていたんです。

藻谷　「持続可能な地域社会総合研究所」の藤山浩さんの本ですね。正確には総人口ではなく、0歳から4歳の乳幼児の数だと思います。

過疎地では、高齢者の死亡が新たな出生よりも多過ぎて、総人口は減っています。しかしそんな中で、過去に減るだけ減ってきた乳幼児が増え始めるという現象が、一部の過疎地で起きているのです。

逆に大都市では高齢者が激増中で、その結果総人口は増えていますが、出生率が低過ぎて、64歳以下は軒並み減っていますね。

御立　そうなんですよね。

藻谷　若者が流れ込めば、自動的に64歳以下の人口も増えるものと思いがちですが、実際には、新たに生まれた乳幼児と流れ込んできた若者の数を足しても、65歳を超えている、かつての「ヤング世代」の数を上回らない。高度成長期以降に若者を受け入れ過ぎたせいで、どうやっても高齢者しか増えません。

御立　なるほど。

藻谷　他方で過疎地は出生率は高いのですから、減るだけ減った子育て世代が、「里山資本主義」の流れの中で少しでもUIターンしてくれれば、乳幼児も増え始めるわけです。

とはいえ平成の大合併で大きい町にくっついてしまったところでは、地域に残っていた若い世代が大手を振って、合併後の中心地に引っ越す現象が起きています。他方で合併しなかった市町村では、役所以下が「この町（村）は将来にわたって残す」と宣言したようなものですから、若い世代の出ていく確率もその分だけ低くなるわけです。

全国屈指の出生率の低い北海道について、２０１３年から２０１８年の住民票の数字で、０歳から４歳の乳幼児の増減を見てみますと、札幌市などでは当然ながら(残念ながら)減っているわけですが、全部で28の市町村で増加が起こっています。その全部が平成の大合併をしなかった自治体で、またほとんどが過疎地です。

少し前には考えられなかった事態です。

ただし、北海道の残りの、乳幼児の減っている151市町村のうち122は、同じく平成の大合併をしていませんので、合併をしなければうまくいくというわけでもありません。

御立　合併しなかった市町村でやり様を探し出したところは伸びているということですね。

藻谷　そういうことです。他方で北海道の場合、合併を経験した22市町村のすべてで乳幼児が減っているというのも事実です。

御立　それだから合併しないで頑張っている自治体が目立つことになるわけですね。

藻谷　頑張る方向の問題もあります。有名な夕張市は、財政再建団体となって諸制約を受ける中でいろいろ工夫しているわけですが、人口は道内のはるかに交通不便な場所よりも凄まじく減り続けています。そこで浮かぶ疑問は、「有名な夕張メロンをなぜ人口定着に活かせないのか」ということです。

御立　確かに夕張市の人口減少の状況を見ていると、うまく活かせているとは言えません。

藻谷　「メロンくらいで人口が増えるか?」と疑問に思われる方もおられましょう。ですが今の夕張には、もう住民は8000人少々しかいません。実態は市ではなく過疎山村です。しかしそこにメロンという絶対的なブランドがあります。夕張の寒暖の差の激しい気候の下でしかつくれないメロンです。それをつくって食べられている農家が何十軒かあり、農協も果汁を売って儲けています。いかに過疎山村とはいえ、そこまで強力な地域資源を持っていれば、もう少し若者が定着してもおかしくはない。札幌にも新千歳空港にも、高速道路で1時間台で行ける便利な場所ですし、特急も走っているのですから。

実際問題、人口規模が夕張と同程度で、ずっとずっと交通不便ないくつかの町、例えば十勝の足寄町や、オホーツクの湧別町、根釧地区の浜中町などでは、乳幼児を増やすのに成功しているのです。

　では夕張の何がいけないのか。それは、メロン産業のクラスター化に失敗したということです。つまりメロンに関連した周辺産業を市内に集積させてきませんでした。

　例えば、夕張農協産のメロン果汁を利用した菓子類は、夕張からも札幌からも離れた砂川市の製菓メーカーが製造販売しています。メロンの栽培には温室その他の設備や、肥料、選果機その他が必要ですが、それらを供給する会社も市内にはない。関連産業を持たず、生果や果汁を売っているだけなので、ごく限られた生産者にお金が入るだけで、市内の就業機会は増えません。

　さらに問題なのは、メロン農家や市役所職員など、安定収入を得ている層が、相当程度市外に住んでいることです。その結果、彼らの消費は市内では行われず、それに対応した小さな商売も成立しません。

御立　地域の中にお金が戻らないし、その結果、人も残らなくなるということになる。

藻谷　そうなんです。夕張は、メロン産業のクラスター化に失敗した、いわば単なる出稼ぎのための場所になってしまっています。

『里山資本主義』の中でも触れたように、外に出ていくお金を少しでも内部に留め、地域内での経済循環を拡大させることが、雇用を生んで人口を支えます。そういう意識のない、稼ぐ場があっても使う場の乏しい地域は、どうしても衰退を免れません。いわば地域全体が工場のようなものになってしまって、生活の場にならなくなっていくのです。

里山資本主義は山間部だけのものではない

御立　ひとつ気がついたのですが、夕張のような地域は、例えばアメリカのデトロイトやイギリスのマンチェスターと変わらないのではないのでしょうか。共通しているのは、実質的な「インナーシティ」問題です。

インナーシティというのは、元々大都市の中心部を指しますが、さまざまな理由で人口流出が起こり、過疎化や老朽化、治安悪化や低所得者の増加などが問題になっています。インナーシティをどう再生していくか。「里山資本主義」を拡散して考える必要があると思いました。

今後は競争力を失った産業や業種の企業城下町系の地域、即ち大都市以外の地域でインナーシティ問題が大きくなっていくと思うんです。そのときに、元々農業や林業などの一次産業を続けてきて、改めてその特色を利用して状況を改善しようとしている里山とは、問題のあり方も違うし、文化も違うでしょう。それを一緒にして処方箋を考えていてはいけないと思うんです。鉱業や製造業、建設業といった二次産業中心の地方のインナーシティほど、これから難しい状況になっていくのではないでしょうか。夕張のように石炭からメロンという一次産業に一旦シフトしたところも同じ話ですね。

藻谷　確かに似ています。欧米のインナーシティは、工場やオフィス集積といった稼ぐ場に特化し過ぎて、生活の場としての機能を失った末に、稼ぐ機能も逃げて荒廃したわけですね。夕張では炭鉱がまさに同じことになりましたし、メロン産業までもが、栄えていた時代の炭鉱のようにふるまっています。

ところで、夕張ほど有名ではないのですが、その近隣の市町村でもメロンは特産品です。例えば西隣の栗山町も、メロン以外に大きな特徴もない谷間の町です。夕張と違って高速道路も通っていないし、特急も走らない。ですが栗山町の方が1万2000人と、夕張より人口が多いのです。コンパクトにまとまった住宅地の周囲に、スーパー、ドラッグストア、家電量販店など、車社会に対応した商業施設が一通り揃ってもいます。

御立　暮らしやすいわけですね。

藻谷　夕張と大同小異の立地条件にもかかわらず、栗山町は暮らしの場としての機能を維持できている。なぜ夕張市は同じようなまちづくりができなかったのか。

石炭産業が隆盛の頃は、炭鉱会社の生協が売店だの飲食店だのを持って、従業員の生活を抱え込んでいました。だから消費の場が育たなかったし、畑を持って野菜を自給する人や、山で薪を取る人もいなかった。家庭の燃料はもちろん全部石炭です。閉山でその基盤は根こそぎ失われたのですが、住民の間には自給の習慣は育たず、新たな消費の場も形成されなかった。つまり日本にありながら、インナーシティ化してしまったわけです。

逆に栗山町は、周辺では数少ない石炭が出なかった地域なので、生活が炭鉱会社丸抱えとならなかった。農業などを営みながら、一部は自給し、一部は店に買いに行く、つまり地域内に経済循環のあ

る暮らしが成立したのでしょう。

御立　なんとなくまだ余裕があるうちは元からある産業に補助金を出して工場をやめないでいるけれど、急にごそっとなくなるという、一番悪いパターンをとってどんどん地域が荒廃していくんです。

そしてもう1つ。イギリスとアメリカのインナーシティ問題は、アメリカではトランプ大統領を、イギリスではブレグジットを生みました。ラストベルトの仕事を失った白人がトランプを支持し、これ以上の移民の都市部への流入を嫌ったイギリスではEUからの離脱が選択された。しかし日本の場合は、インナーシティの問題が政治的な力にもならない。

藻谷　日本でインナーシティになりきったのは、まだ産炭地と薪炭地だけですからね。薪炭地というのは、石油やガスの普及以前に家庭用燃料の主役だった木炭の産地で、『里山資本主義』に書いた中国山地が典型です。

中国山地の炭焼きは、瀬戸内の工業地帯を相手に、莫大に儲かっていました。それが1960年代のエネルギー革命によって崩壊し、地域の人口が軒並み激減します。ですから、それ以降も山奥で生き延びた人たちの、今の稼ぎ方と暮らし方の中に、インナーシティ問題への処方箋があるわけです。

御立　それを抽出したものが、「里山資本主義」なんですよね。

藻谷　ありがとうございます。

中国山地には、田畑や山林といった里山の資源、自給や物々交換を可能にする資源があったので、何とかなっているわけですが、問題は今後都市部で発生していく本当のインナーシティ問題です。既に工場地帯では、若い人などが郊外に出て中心部が寂れ、工場労働などに従事している外国人の数が急増している場所も増えています。しかし輸出が好調なおかげで工場の完全撤退は起きていませんから、まだ何とかなっています。ですが今後、首都圏などに多い事務系の職場に、問題が発生してくる予感がします。

出版や印刷、広告業界などでは既にITの技術革新により紙媒体が衰え始め、雇用の縮小が始まっています。さらに今後AIが発達すれば、それとは比較にならないほど多くの事務系の業務の消滅が起きるでしょう。数十年単位でゆっくり進む、しかし不可逆の変化です。そうなれば東京などの大都市で、インナーシティ化が起きるでしょう。そもそも東京には、明らかに人が多過ぎるのです。

事務系の業務の縮小が先に起きたのが大阪です。AI化ではなく、大阪発祥の多くの大企業の、東京への本社機能の移転が理由ですが。ただしここ数年は、インバウンドの殺到による都市型観光の隆盛が問題を隠しています。街には人もたくさん歩いているし、なんとかなっているように見えている。集客交流でインナーシティ化を食い止めるのは、ニューヨークでも取り組まれたことですね。

御立　今度、星野リゾートが新世界（大阪市浪速区）の近くにホテルをつくります。側には日雇い労働者の方が多く暮らす西成区のあいりん地区があるわけですが、そういったところの方が、これからの街をどうしていったらいいかといった危機意識があるだろうから、やり様があるのではないかと思っています。知らないうちにインナーシティ化が進んでいる東京の方が余程まずい状況なのではないでしょうか。人口減少と少子化で将来自治体としての存続危機が予測された「消滅可能性都市」の中には、東京23区では豊島区だけが入っていましたよね。

藻谷　そうです。ですから豊島区の職員たちにはすごく危機感があって、対策本部もつくって少子化対策に一定の効果も出ています。しかし他の区は、状況としては大差ない場所も多いのに、少子化対策に真摯に取り組んでいるようには見えません。

御立　また星野リゾートなんですが、２０１８年の5月に「ＯＭＯ5 東京大塚」というホテルを新しくつくっていま

す。これがまさに豊島区の大塚で、池袋と巣鴨に挟まれた場所ですけれど、お客さんを連れて近所を散策するようなサービスをホテルがしていて、街を盛り上げようとしているんです。だから危機感があるところの方がやり様があるんです。昔はよかったと言って、頭の中のプライドだけは高くて、そこで思考停止してしまうのが一番よくないんです。

藻谷　本当におっしゃる通りですね。

統治が強過ぎて自治の意識が生まれない日本

御立　地方にもインバウンドのおかげでバスに乗った観光客がたくさん来ているところがありますよね。不動産投資が盛んでホテルやら箱モノがどんどんできているわけですが、一巡して飽きられてしまったら、今後かなり厳しい状況になるところがあると考えています。明らかに今の閑散としている温泉地と同じことが起こる。

藻谷　1990年代初頭のバブル投資で崩壊した温泉地と同じような場所を、今のインバウンドバブルがまた新たに生み出しかねないというご指摘ですね。短期的にしか続かないブームに溺れてその先を見なくなるという意味では、公共投資も似たような問題を起こしています。

山梨県早川町は、日本国内では最多選の80代の町長で有名ですが、少子化が著しく、80代の住人10人に対して乳幼児は1人という極端に先細りの人口構造になってしまっています。ところが最近、リニアモーターカーのトンネル工事が始まって、関係者の人口流入が起こりました。町長以下それを喜んでいるというのですが、工事が終わったら、その人たちはまた流出していくわけです。青函トンネルの工事が行われた際、青森県三厩村で起きたこととまったく同じです。「この流入を起爆剤に活性化を図る」とかいうのでしょうけれど、地域づくりは爆破ではありません。爆破の後には残骸が残るだけです。

御立　中央の政策に乗っているだけで、自分たちで考えたり工夫したりしないんです。１９８７年のリゾート法（総合保養地域整備法）も多くの赤字施設をつくり出しましたからね。リゾート法に乗っかってさまざまなところで開発を進めたんですが、景観だけを売り物にして、ただ大きな宿泊施設を建てたようなところは今ほとんど壊滅しています。

藻谷　おっしゃる通りです。

御立　ところが例えばその波に乗らなかった北海道のニセコ町。ニセコは元々そんなに投資が盛んでなくて、ペンションくらいしか宿泊施設がなかった。２００1年には「ニセコ町まちづくり基本条例」というのを施行して住民参加による自治の土台をつくります。そして２００４年には「ニセコ町景観条例」

を施行して、建築物の高さを基本的に10メートルに規制した。だから、その条件がいいという人しか観光にも来ないし、町にも住まないし、開発にも乗り出さない。そういう自治を住民の合意のもとにつくっているわけです。そうしたら羊蹄山がきれいに見えるいい町ができた。これからはいい規制が必要な時代が来るのではないかと思っています。

藻谷　土地関係では規制が重要だというのは、自由競争原理の本家本元とも言えるアメリカでこそ常識になっています。「公教育は不要だ」とまで唱えるようなリバタリアン（極端な自由放任主義者）の富裕層の住む住宅地でも必ず、厳格な容積率規制、高さ制限、景観規制、それに芝刈りの義務だの外周の塀の禁止だのが行われていますからね。

規制と自由の対立の中から、あるいは上からの命令と下からの突き上げの中から、弁証法的にアウフヘーベンされた成果を生み出すという手法を、日本の人はなかなか理解できないのではないでしょうか。

御立　その通りです。日本は国家と地方自治のモデルも基本的に統治です。お上が統治するためのシステムを落とし込んでおおよそのことが進められてきた。工業化時代にはそれに乗っかった人たちは大きな利益を得てきたわけですね。企業城下町はそのサブとして同じように企業と自治体が一緒になって全部統治の仕組みをつくり上げた。だからそこにアウフヘーベンなんてあり得ない。逆らったらダメなんですから。

例えば、リゾート法で大きな箱モノをつくった、宿ばかりで困っている観光地は、統治を受け入れることで表面上効率が上がって儲かったと思っているんです。しかし10年、20年経つと、ただ上からの指示に従うだけですから、それに対して反発することで何か新しい考え、動きが出てくるような多様性がない環境になってしまっているんです。

藻谷　夕張の例でお話ししたクラスター化の失敗、地域内資金循環の不全も、せっかく稼いだお金を中央に再献上する不合理を疑わないことから起きているんですよね。

中央から買わずに地域内での調達を増やそうとすると、規模の利益が縮小する分だけ個々の事業者のコストはアップしますが、地域全体を1つの事業体と見るならば、その中でまわるお金が増え外に出ていくお金が減ってコストダウンになる。そういうアイディアを地域に持たせないよう、中央政府は中央の大企業と息を合わせている感じがします。

御立　そのときに、『里山資本主義』の中国山地の話を思い出します。太古の昔から鑪《たたら》で鉄と薪炭をつくる最先端技術を持っていたからこそ、次の工業化の波のときに燃料供給地としてポーンと跳ねたわけです。ですからやはり元々持っている気候風土、特色であり文化や強みをそれぐらいの時間軸で広げて見てみると、使えるものが地域ごとにあるはずです。そしてその中で何は残して何は使わないかを決めていかなくてはいけない。ところが今の地域計画や地域戦略というのは、使い回されたコピー&ペーストみたいな内容が多いんです。

藻谷　確かに、まったく地域性を勉強していない人が、同じような計画を使い回して売っている。地域側も自分の歴史も地理も勉強していないので、その問題に気づいていない。

御立　いないです。まち・ひと・しごと創生本部事務局（内閣官房・内閣府）と経済産業省が提供しているRESAS（リーサス／地域経済分析システム）も画一的にしか使われてない。

藻谷　せっかく地方自治体の取り組みを支援しようと、人口動態や産業構造といったさまざまな情報をＲＥＳＡＳでビッグデータにしたのですが、ネットで実に簡単に計算できるのに、活用が広まりませんね。

御立　どこかのシンクタンクがつくった同じような計画でないと、中央省庁が「整っていない」とダメ出ししたりしています。これこそ統治の考え方です。もちろん外交や安全保障など、統治が必要な分野はあります。あるいは巨大災害が起こった際にみんなで支え合おうというのも必要でしょう。しかし、それ以外は地域ごとにそれぞれ違う部分があって、その問題は統治とぶつかってこそ答えが出てくるわけです。

藻谷　統治は現にあるので、そこに自治をぶつけていかないと、アウフヘーベンも起きない。統治の一人勝ちは、進歩の停止です。

アウフヘーベンするために

御立　自分の頭で考える人、例えば藻谷さんがご覧になっている世界は広いんですよ。スポーツとアートを議題にした政府のある会議に出席した際、悪気はないのでしょうけれど、スポーツ庁の人はスポーツというと、自分たちが意思伝達しやすい中央競技団体、要はアマチュアのさまざまな団体や学校スポーツの話をするんです。そこだけで成長戦略についての話をしても違うでしょうと。プロスポーツはもちろん、スポーツツーリズムやもっといろいろなことを考えないといけないはずなんです。スポーツにかかわるコト・消費を地域で展開して働いている人なんて、中央競技団体が管轄していないわけですよ。自分たちが昔のパラダイムでつくった関係者の範囲の中でネットワーキングを繰り返して一所懸命やっていますと言うだけなんです。

文化も一緒です。博物館法で定められて教育委員会の下にある美術館なんてものすごく少ないんです。企業がつくった美術館など、法律に入らないようなところはたくさんあります。さらに個人のコレクターなんてまったく考えに入っていませんし、そういった作品やスペースをツーリズムに使っている人たちも全部意識の外なんです。

藻谷　それは成長戦略というお題に対して誠実ではないですよね。

御立　そうなんです。例えば日本の美術館には、縄文時代以来の素晴らしい美術品が山ほどあるんです。これをストックで量らずに、フローで量るから、中国は日本の何百倍もの美術市場だという話になってしまう。今、中国の富裕層がアートに投資しているから場が立っているだけなんです。それよりも、日本の美術品のストックが生み出す可能性の話をすべきなんですね。では、なぜストックの話をしないかというと、データベースがない。どこにどういった作品があるか把握していないから、量れないというわけです。そしてそこで思考停止してしまう。

藻谷　なるほど。でもないのであれば、予算をとってつくればいいではないですか。ですが統治側の人というのは、本当にやると面倒なので、上辺でやったふりを繰り返すんですよね。仮に成長戦略にスポーツを使うというのであれば、プロスポーツを入れない議論なんてあり得ません。ですがそうしようとしないのは、中央政府の中に対抗原理とのせめぎ合いの仕組みがなくて、「それは成長戦略ではない」と指摘する勢力がいないからですよね。民間企業なら経営者や株主がそういう役割を果たすこともありますが、政治家はおよそ不勉強であるか、与党の中でサラリーマン化しているかで、機能できていない。

御立　少し気の毒なところもあって、統治の側は法律や縦割り行政で規定された自分たちの見ていい範囲、動いていい範囲が決められているために、それを墨守するわけです。例えば観光立国の旗を掲げるにはどうしたらいいかという議論の際、外国人観光客を増やすには、ＬＣＣが必要だということとビザの問題という当たり前の話になったんです。そしてこれは観光庁の仕事ではなかった。ＬＣＣ

は国交省でビザは法務省と警察の管轄の問題だったわけです。そういう当たり前の話ができるように、こちらも統治の側の見ている範囲を変えてあげないといけないし、自治の側も補助金の使い方とコピー&ペーストのような地域をつくることから脱しなければいけない。

藻谷　そう考えると、ニセコという町はおもしろいですね。１９９４年から２００５年の３期にわたって町長を務めて、今は衆議院議員の逢坂誠二さんが、「ニセコ町まちづくり基本条例」で情報公開と住民参加を自治に持ち込んで、景観の問題にも取り組みました。２００９年からは逢坂さんの右腕だった片山健也さんが町長になっています。

御立　しかも二人ともニセコ町役場という中から出てきた人ですね。

藻谷　そうなんです。町のことをよくわかっている役場職員出身の二人が、創業と守成の役割を分担し、外から来た人の意見も取り入れながらうまく自治をしています。

御立　片山さんによると、ニセコは作家の有島武郎が1922年に小作人に農場を解放したことで有名ですが、その当時から、外から入ってきた人はおもしろいことを言うという認識があるんだそうです。ですが、やはり逢坂さん、片山さんたちが「聞く耳持ってますよ」ということを実際に形にしたおかげで、今のいい雰囲気になっているわけです。ニセコ地域のアウトドア観光を軌道に乗せて、国際的なリゾートにした立役者の一人、ロス・フィンドレーさんはじめ、彼ら外国人の話もニセコではよく聞いて、活かせるところは活かすんですよね。

藻谷　対抗原理をも育てて、アウフヘーベンする気があるんですよね。ですが、聞くだけ聞いて、一切反映しないような自治体や団体が圧倒的に多数でしょう。

御立　お説ごもっともなんて言ってね。よく地域の活性化には、「若者」、「バカ者」、「よそ者」が必要だと、気の利いたキーワードが挙げられますけれど、本気で話を聞く文化があるところは、わざわざそんなことを言う必要もなく、実践しているんです。

インナーシティ問題への処方箋

藻谷　御立さんから見て、今おもしろいなと思っているような動きはありますか？

御立　いいと思っているところはいくつかあるのですが、2か所の事例を挙げたいと思います。1つは、大阪のインナーシティの加賀屋（大阪市住之江区）で、もう1つは、城崎（兵庫県豊岡市）。この2つの地域に共通しているのは文化です。

まず加賀屋は、大阪の木津川の河口付近の町で、元々大きな造船所があったところです。

藻谷　文化という語とはおよそ無関係な、寂れた下町の工場地帯でしたよね。

御立　ええ、以前はそうだったと思います。それが造船所が潰れたり、移転して、たいした原状回復もしないまま借地権をお返ししますということになった。働き手と長屋とシャッター商店街、あとは社屋や倉庫という建物だけが残った。大きかったのは、名村造船所が1979年に製造拠点を移してしまって、1988年に土地が返還されたあとも巨大な倉庫がそのままになってしまったことです。

藻谷　まさにインナーシティ問題ですね。

御立　大家さんとしては困ったわけです。この大家さんは、大阪一の土地持ちである千島土地という会社です。そこで千島土地が何をしたかというと、アーティストに開放したんです。

藻谷　それはいつ頃の話ですか？

御立　まず2004年に名村造船所の工場跡地で「NAMURA ART MEETING」というイベントを開催しました。その次の年には、リノベートした工場を「クリエイティブセンター大阪」というスペースとして稼働させ始めて、アートはもちろん音楽やさまざまなイベントをしています。今では、おおさか創造千島財団という法人をつくって活動を続けているんです。

藻谷　世の中は広いです。お恥ずかしながら、全然知りませんでした。

御立　アーティストというのは、大学を出た瞬間にモノがつくれなくなります。なぜかというと、アトリエがないからです。大きな彫刻などの作品をつくる人にとっては、広い空間がないと物理的に作品がつくれなくなります。だから例えば東京芸大の学生は、ほぼ全員が大学院に進学するんです。

藻谷　制作するための場所が大学以外には存在しないからですか。

御立　そうです。広さが価値だという人たちもいるんですよね。例えば岡山県の西粟倉村は、人口が1500人ほどですがスペースがあることを逆手にとって、アーティストを呼び込みました。これが地域起こしの1つの起爆剤になった。加賀屋にも使える場所があるといってアーティストたちが山ほど入ってきたんです。

藻谷　それはおもしろい。アーティストというのは、自分たちで建物だの景観だのを補修できる人たちだから、インナーシティ問題を抱える都市にとっては頼もしいですね。

御立　彼らは溶接もするし、何から何まで自分でつくって、ボロボロの建物を直して住んだり、アトリエやギャラリーにつくり替えたりしてしまいます。そうこうしていると元々の住人たちとのかかわりもできたりしている。おばあさんから若いアーティストが、「これ、食べな」なんて言われているんですね。

藻谷　まるで「都会の中の里山」ですね。

御立　例えば2000年から新潟県十日町市を中心に開催されている「大地の芸術祭 越後妻有アートトリエンナーレ」や香川県の直島でのアートによる観光地化のときも、村落の高齢者たちと話ができるようになって、地域に早く入っていけたのは、役人よりアーティストの方だったりしたんです。

海外でもドイツのルール工業地帯で閉鎖してしまった工場などを産業遺構にして、文化活動のための拠点にしていたりする例があります。有名なのは、ガスタンクの中にアート作品を置いたり、ガスタンク自体を使ってアートにしたりしています。アーティストというのは、世間のルールや工業化社会の統治から外れた人たち、つまりトリックスターなんです。

藻谷　凝り固まった状況を揺さぶるという意味では、まさにトリックスターですね。

御立　里山資本主義というと、すべて自然を使って展開するように思ってしまう人もいるかもしれませんが、こうやって人工物も含めていろいろなやり方をしていけると思うんです。特にインナーシティ問題に関しては、それぞれの地域が抱えている問題は地域によって少しずつ違いますから、さまざまな視点で考えていかないと、それぞれに寄り添った方法が見つからないのではないでしょうか。

藻谷　人間が手をかけたインフラが、本来の用途を失いながらも、地域に残されているわけですね。元々人の手がかかったフリースペースですから、人が入りやすいところもあるでしょうし、それが何か思いもかけない場となり得ます。

御立 アーティストは理屈だけではなくて、感性に富んでいるので、今が工業化の時代から変わりつつあることを感覚的にわかっているんでしょうね。それで私としては、次はシャッター温泉街をどうにかしてほしいと考えているんです。箱モノをつくるだけつくって、潰れてしまった宿泊施設などがそのままになっている温泉街を、アーティストたちが手を入れてくれたら、おもしろくなるのではないかと思っています。

藻谷 城崎がその温泉地ですが、どういったところがいいと思われているのでしょう?

御立 加賀屋とは違った文化の使い方なんですね。城崎は、役所の人たちだけではなくて、地域の人たちが外部から人を招いてきて変化を生みました。城崎には、県がつくった城崎大会議館というどうしようもない箱モノ施設があったんです。それを引き受けて、劇作家の平田オリザさんを中心にリニューアルして2014年に城崎国際アートセンターを立ち上げました。舞台と宿泊できるような施設につくり直して、アーティストが滞在して制作できる環境にしたんです。そしてスペースがないと準備も開催もできない演劇、オペラやミュージカルを世界中から公募して、議論しながら選んで、作品を上演していったんです。劇作家や俳優、振り付け師やダンサーたちが城崎に滞在して、リハーサルは住民たちにも公開しています。

いいフレーズだなあと思ったのは、志賀直哉が『城の崎にて』を書いてくれたから城崎はこの100年食べることができた。その次にいろいろなアーティストたちが「城崎にて」活動することができるグローバルな城崎国際アートセンターという場ができたから、また次の100年、城崎は食べていけると。つまり城崎の人たちは、過去の文化遺産をアウフヘーベンするための装置をつくったわけです。

藻谷　『城の崎にて』という過去の資源の本質は、「人が集まる理由」という価値であると、きちんとモデル化できたということですね。だからそれを、アートに置き換えることができた。また、外国からアーティストを呼ぶにしても、どういう人を呼ぶか、呼んで何をするか、どうしてもらうかということを議論しながら進めた。トライ&エラーしましょうという文化が地域内にあったのですね。

御立　そうです。そして同時に城崎温泉もバブル崩壊後はかなり厳しい状況が続いていたので、城崎国際アートセンターに来た外国人アーティストたちが制作ばかりにかまけて籠らないように、入浴券を渡して週に何回か必ず共同浴場に入ることをルールにしたり、町民は1回

100円で入れるようにするといったこともしたんです。町の共同浴場へ入るためにそぞろ歩きしながら温泉へ行く文化を活かそうとした。さらに閉めてしまった旅館を開けて、温泉だけは入れるようにしたところが何か所もあるんです。元からあるものを使うという感覚がすごくよくできていて、そこに文化という補助線を引くやり方がとてもおもしろいと思っているんです。

自然やスペースをどう活かすか

藻谷　今後の里山資本主義を考える上で、「里山×文化」は重要です。文化と言っても、古来の伝統的なものに限られはしません。もちろん里山には、本当に昔ながらの暮らしを守っている高齢者もいます。ですがピザ窯をつくって仲間でわいわいやる高齢者も増えている。空き家にアート心のある新参者が入ってくることもある。その結果アウフヘーベンが起きて、おもしろい変化が生じます。

御立　現代版の里山というものが再定義されるんですね。

藻谷　まずはピザ窯と薪ストーブですかね。その先にカフェや民泊。アーティストや外国人が住みつくのはさらにその先ですが、全国で大なり小なり同方向の変化が進行中です。

御立　文化の力の影響を受けて何かが起こる地域というのは、広域の中に立派な美術館があったりすることが多いんです。それで小中学生のときに必ずその美術館に行っているんですね。だから今の箱モノとしてとりあえずつくってしまった公立の美術館を全部生き残らせろとは思わないんですけれど、地域ごとにいいものがあって、それを活用することで本物の文化を見慣れた人を育てていくためには重要なインフラです。いい美術品を見た経験がある人は、いろいろなものでも感じるようになるし、放っておいても、いいものを使うんですね。

藻谷　里山で今活動している人たちは、花鳥風月をきちんと見ています。少なくとも東京などに住んでいる人に比べると、味わう機会は日々圧倒的に多いですね。そういう環境の中で感性が活かされて、彼らの家の佇まいや調度、食べるものなどにも反映されてくるわけです。一部の人はとてもセンスよく住むようになってきていますね。

御立　地方に行くと、神事のおかげもあって、いろいろ文化的なものが残っていて、神楽があったり、能や歌舞伎が伝わっているところがあったり、食生活も地域文化が弱まったとはいえ、残っていますよね。日本列島が南北に長いことと、潮の流れも寒流と暖流がぶつかるところがあるから、こんなにたくさんの種類の魚がとれる。もちろん農作物もいろいろなものがとれますし、こんな国はなかなかないんです。だから豊かな地方食の文化があるわけで、さらに文化の重層性もあって、多様性もあるから、それぞれの地域のそういうものを使わない手はないと思います。

藻谷　食文化の多様性ひとつとっても、日本という自然が多様な地域に生きるメリットですよね。それを活かさずに滅びるなんてことがあってはいけません。

話を文化の手前、人間という生物の生存に戻しますが、人間が生きるためには、食料、水、燃料の確保が基本要素になります。そして幸い、日照と降水に恵まれた日本の里山では、その一部なり全部を自給することが容易です。すべてをお金に頼りきって生活するのではなく、自給、物々交換、恩送り（贈与）というような原理をもサブシステムとして生活の中に復活させた方がいいという問題提起を、『里山資本主義』はしています。

その後の変化として、まず太陽エネルギー利用の技術は、世界的に劇的に進んでいます。昔はソーラーパネル製造の際に必要なエネルギーの方が発電できるエネルギーより大きいなどと揶揄されていましたが、今や原発の数分の一のコストが当たり前になりつつある。小水力発電も、用水路を利用するのであれば容易です。薪ストーブも進化し、建物の断熱技術も革新されました。すると何が起こるか。単位面積当たりの人口が少なく、太陽エネルギーが多く使える地域の方が有利になるという逆転現象が起こるんです。

大都市はなぜ形成されたのかと言えば、化石燃料の使用が当たり前になる中で、エネルギー利用効率が高くなるように、人口や諸機能の密集が促されたからです。ですがその結果、大都市ではいかにしても、人口一人当たりの自然エネルギー量は足りません。東京の場合には水も自給できていない。そこに巨大な発電所から電気を送り、利根川最上流部のダムから水を送っているわけですが、何も全員がそういう場所に住む必要はありません。

人口密度が低くなるほど、一人当たり

の太陽エネルギー量は増えます。水も自給できます。発電ができれば、電気自動車も走ります。太陽エネルギーの古典的な利用法が農業ですが、ほんの数メートル四方の畑を持っているだけで、食費は大きく下がります。都市に集まって住むのが有利だというのは化石燃料が無尽蔵だった高度成長期までの話で、21世紀は事情が違ってくるでしょう。

御立　要は山や空き地があった方がいい、その側に住む方がいいという話ですよね。物理的なスペースをうまくどう使うかが、これからの課題の1つです。そこでインナーシティ対策として興味深いと思っているのが、イギリスのマンチェスター郊外のトッドモーデンという町の取り組みです。この町で何をしたかというと、公共の花壇や公園に勝手に植物を植えていいことにしたんです。

藻谷　都市公園を市民農園化したんですね。

御立　特にできる限り食べられるものを植えようということにしました。最初は住民が勝手に始めて、町長もそれを認めたんです。これで何が起こったかというと、警察署や消防署の花壇に勝手にブルーベリーなどを植えて、実がなると、いろいろな人が採って食べたりする。そこで住民同士が話をするようになって、まずコミュニティが再構築され始めたんです。

藻谷　日本では富山市が都市公園の中に

市民農園を整備していますね。やはり主たる目的はコミュニティの再生です。ニューヨークのマンハッタンの空き地で市民農園をつくって都市が再生したという先例を見習っているのではないでしょうか。

御立　この話は、『TOMORROW パーマネントライフを探して』というフランスのドキュメンタリー映画で紹介されているのですが、他にも多毛作で同じところにいろいろな種類の植物を植えた方が手間をかけずに、大規模農業よりもトータルのROI（Return On Investment／投資利益率）が高いなんて話もあります。

藻谷　輸送料や廃棄コストを考えるとそうなるわけですね。

御立　それとともにうまい組み合わせで植えると、手間をかけないでいろいろな植物が育つんです。

藻谷　サスティナブルに輪作ができると。

御立　そうなんです。こういうさまざまな方法を組み合わせれば、インナーシティでもおもしろいことができるのではないでしょうか。食料、水、燃料、そして新たなコミュニティというものを考えると、都会で何ができるか。もし東京もインナーシティ化が進んでまずい状況になったとき、あちこちの空き地をうまく使えば、対応策の1つになる可能性があるのではないかと思っているんです。

都市にも必要とされる里山資本主義

藻谷 東京の空き地を活かすために農作物をつくるというと、戦後の昭和20年代に芋をつくっていたことを思い出して嫌だと、すごく反対する世代がいるんですよね。ただ、今のお話にあったように、互いに植物を世話したり採ったり食べたりすることでコミュニティができるというのは大切です。

『里山資本主義』の中心的な登場人物で、中国山地で里山暮らしの魅力を広めてきた和田芳治さんとその仲間たちはここ数年、熊本大学の名誉教授の徳野貞雄さんが提唱する、「食べ事拡命」を実践しています。独りの食事ではなくて「食べ事」、つまりみんなで一緒に食事をする機会を増やして、元気に長生きしようということです。和田さんは残念ながら最近、難しい部位の癌で亡くなられたのですが、最後までご自宅で暮らし、家族や仲間と「食べ事」を続けられ、意識もしっかりされていました。

みんなで話しながらつくって食べてというのは、人類が十万年以上も続いた狩猟採集時代以来ずっと続け、DNAに組み込まれている行動です。ですから現代であっても囲炉裏や机を囲んで食事をするのはとても重要です。食べることというのは、食材をつくったり、採ったり、調理したり、かたづけたり、あるいは食べるときに話をしたり、歌ったりすることまでも含んでいるわけで、人としてのコミュニケーションや役割分担の原型がそこにあるんですよね。

御立　食べることというのは、身体性があってものすごく大事なことだと思います。

藻谷　思い出してみると、『里山資本主義』のテレビ番組の収録のときは、全6回のローカル放送だったのですが、毎回常に、里山に住む出演者たちが集まって、地元の物を食べつつ話していました。身体性を具現化する「食べ事」がきちんと埋め込まれていたわけです。

御立　それが自然なんですよね。

藻谷　人間のDNAは里山でも都会でもまったく変わっていないわけで、孤食の機会に満ち満ちた都会でこそむしろ、「食べ事」の機会を増やして、健康長寿を目指していかなくてはいけないはずでしょう。

御立　それがハイエンドのレストランでも起こっているんです。アメリカのポートランドにあるミシュランで星をとっているすごくいいレストランなんです。木の大きなテーブルがあって、知らない同士が10人集まって、「せーの」で、みんなで一緒に食べる。そのお店は、食事を「コミュニオン」と称していて、みんなで交わり話をする場を提供するという考え方なんです。

藻谷　なるほど、「食べ事」をする場なんですね。

御立　お店から50マイル以内で調達できる食材しか使わないし、そういう感覚が好きな人がやってきて食事をするんです。

ポートランドも川の東側はインナーシティだったところでどうしようもなくなっていたんですが、そういうお店やクラフトビール店に、アーティストたちが壊れたところを直しながら住んだりして再生していってるんです。だからこういう動きは都会でも起こっていて、都会の人たちが感じて考えれば、都会でも里山的なものを取り入れることができるんです。

藻谷　そういう過ごし方を日常的にしている都会の人が田舎に行って、そこで採れたものの生産者と消費者が渾然一体となっている環境を見れば、年の半分は田舎に住もうとする可能性もありますよね。あるいは地方に定住しつつたまに都会に遊びにくるなど、暮らし方の選択肢がいろいろ増えるはずです。

御立　だから私は、働き方改革よりも兼職や兼業、副業で週に1回そういう場所へ行って、自分なりの役割を見つけて過ごせる人が働き手の3割くらいになれば、この国は相当まともになると思うんです。

藻谷　養老孟司先生のおっしゃっている「現代の参勤交代」ですね。参勤交代ですからその逆のパターンもありで、

地方に定住して、月に4分の1くらいの時間は東京に出てきて仕事をするという方法もあると思います。どちらが正しいではなくて、それぞれの人がそれぞれのできる範囲で自分の中で決めていくことでしょう。都会対地方といった二項対立に終わらせず、次の段階へとアウフヘーベンしていけばいいのです。

御立　「里山資本主義」というと、地方、山の中、海の側といった閉じられたイメージがありますよね。

藻谷　まさにそれは、21世紀の田舎を知らない都会の人が、「里山資本主義」と聞いて持つイメージです。実際には、今の田舎の多くは、自由な出入りも利用も可能なのです。

御立　今日のテーマの1つは、都会の中にも本当は里山をつくらなければいけないし、里山資本主義的なコミュニティを地方や都会といった区分ではなく、世の中にどれだけたくさんつくれるかということですね。

藻谷　もちろん、地方で暮らしていながら、「里山資本主義」にまったく関係ない、お金に100%頼った暮らしをしている人も多いのです。日本で一番しんどいのは彼らかもしれませんね。仕事は工場労働的な単純化されたもので、コンビニで買い物をして、庭もない集合住宅に住んで、自給や物々交換や恩送りをする機会も意識もない。そうであればこそ、東京にでも行こうか、となるわけです。

　しかも日本の学校教育は全国一元で、里山資源の活用というようなことはまったくカリキュラムに入っていない。そういう教育でいい点を取った人が東京に集まる。点を取れなかった人も、やっぱり東京に流れ着く。

御立　過去のパラダイムのままで、統治側の論理なんですよね。近代に入って唯一アジアで工業化社会を目指すことに間に合った国だから、統治して、秩序を守って言うことを聞く人間を育てるのがいい時期もあった。でもこれからはそれでは立ち行かなくなります。ハンス・ロスリングが『FACTFULNESS 10の思い込みを乗り越え、データを基に世界を正しく見る習慣』(日経BP)に書いている通りで、私たちは、工業化社会が進む中で効率的な教育によって社会通念を教え込まれているので、ものすごいバイアスを持っているんです。里山資本主義的な考え方を日本に取り入れるために一番大事なのは、まず自分にバイアスがかかっていることに気づかせる機会をつくることだと思うんです。藻谷さんが講演のときにしている「12%成長している産業は何か?」というクイズもそういうことですよね。

藻谷　そうなんです。日本では、お受験で成績がよかった人ほど、「自分は常に正しいことを言っていなくてはいけない」という強迫観念に囚われています。つまるところ、ソクラテスの語る「無知の知」をまったく失っている。点数の高い人ではなく、「自分は現実を知らない」と気づく人こそ、本当に頭がいい人です。だからクイズに間違えたら、「知らないことがわかった」と喜ばなくてはいけないんですよね。

試験の点数を至上とする教育は、無知の知も損ないますが、御立さんのおっしゃっている身体性も無視しています。自然を相手にしていると、教科書通りに物事は運ばず、物質まみれの現実にリベンジされます。自分の身体の限界にも気づきます。他方で、言語を超えた感情の盛り上がりといったことも体験できる。文字にできる範囲の浅知恵では物事はまわっていないということを、身体で経験している人ほど賢くなるのでしょう。

御立　本来いろいろなところからものを見ることが楽しいはずなのに、授業で今はこの解き方を教えているんだから、違う解き方を使うななんて言われてしまいますからね。

藻谷　そういう、受験のために特化した教育に何の意味があるのでしょうか。「点数がよければ人生もうまくいく」というような発想こそ、おっしゃるバイアスの極みです。

日本を代表する過疎県の島根県では、「高校魅力化プロジェクト」という試みが各地で進められています。その柱の1つが、「地域教育」を取り入れるということ。地元にいても食べられないから学力を上げて東京に出ようという教育が主流だったところに、現にその地域で食べていけている経営者や、活き活きとコミュニティ活動をしている人を呼んできて話を聞く時間をつくった。地域資源を活用するプロジェクトにも取り組ませる。その結果、島根県では一度都会に出た若者が地元に戻って来る率が上がっているんです。

里山資本主義の新たな可能性

御立　でも、人口というのは増えたり減ったりを繰り返すのが当たり前ですよね。例えば東京も大政奉還のあと、大人口減少に見舞われました。江戸時代、武士が3分の1を占めていたのが、地方に帰ってしまったからです。そうして人がいなくなって空き地ができたとき、東京でも桑畑をつくったり、農作物を植えているんです。だから都市も人が減れば、金銭収入を得られるような緑地をつくるのは当然の話なんですよ。

藻谷　昔の東京でもしたことを、今の地方工業都市はまったくしていません。団地をつくって産業誘致をする。同じことの繰り返しをしています。

御立　京都の和久傳は、丹後峰山で100年以上も続いた料理旅館でした。それが京都へ出て料亭を始めて有名になったのですが、今は和久傳のブランドを使って逆に京丹後市の一次産品を六次産業化しようとしているんです。そこで何をしたかというと、京丹後の元工業団地に入って、そこを「和久傳ノ森」という名前の通りの森にしてしまったんです。

藻谷　それはおもしろい。

御立　植物生態学者の宮脇昭さんを呼んで、工業団地を森に戻すというので、地元の働き手も一緒になって作業していました。それで今は、和久傳の工房とレストラン、そして美術館がその森の中にあるんです。そこで原木椎茸をつくったり、森にできたふきのとうを摘んで料理にするわけです。

藻谷　それは素晴らしい。里山資本主義の新しい段階ですね。私たちが『里山資本主義』を書いたときは、「里山に残されている農地などを潰さないで再利用しましょう。山ももっと利用しましょう」と言っていたわけですが、和久傳は一度完全に都市化したところを森に戻しているわけですか。さらに一歩進んだ段階の話ですね。

御立　そうなんです。東京にも桑畑をつくっていたし、工業団地を森に戻すこともできた。都市公園だって畑にできるわけですからね。そういう現実の方がこれからを考える上で重要だと思うんです。

藻谷　里山の、都市への逆進出が始まっているんですね。確かにそもそも日本全体が、元は里山だったわけだから、アスファルトの下には肥えた土が眠っているし、用水路や井戸もある。都市への里山の再導入は、意外に簡単にできるのかもしれませんね。

歴史的に人類のあり方だって波を打っているわけですから、工業化社会という時代のトレンドで近代は進んできたけれど、それがうまくいかなくなり始めたとき、また違った仕組みを取り入れながら次のチャンスを待つ必要があるわけです。その際に人口が増える地域があれば、減る地域もある。今、人口が減っていても、次の機会にまた人口が増えれば、それはそのときにどうするかを考えればいいんですよね。

御立　アメリカでは移民は都市に集まります。土地は山ほどあるので、都市間競争が激しくて、産業誘致に失敗したり、企業が撤退すると一挙にインナーシティになるわけです。それでデトロイトもポートランドもインナーシティ問題が出てきて、そういうところで生きていくためにしようがないから新しい動きが出てきているんです。

藻谷　それが次世代へとつながって、ギリギリの状況をつなげているうちに、これまでの統治の中からは生まれてこなかったような新たなアプリケーションを持った人間が育ってくると。そしてそれが何十年単位で地域を変えていくことになるんですよね。

御立　そうなんですよ。

藻谷　加賀屋の造船所跡の地域の新しい動きも、困った結果出てきたわけですからね。農業をしているわけではないですけれど、加賀屋地区の人たちも個人が手の届く範囲で、例えば建築物など、元からその土地にあるものをメンテナンスして活かすわけですから、自分で考えクラフティング的に元へ戻していくという意味では里山的ですね。

御立　そしてコミュニティをつくったり、再生させて場を動かしていくところも里山的です。

藻谷　都市で空き家を直すことも、あるいは日曜大工で棚をつくることだって、言葉だけではない身体性を有する、里山的な作業です。でも東京には材料や道具を調達するための大きなホームセンターもないし、騒音に苦情も出るでしょうから、田舎に比べれば何かとそういうことがやりにくいですね。

御立　だから都会で何かをしようと考えると、1つは、例えば京浜工業地帯の潰れてしまった町工場がたくさんあるような地域に3Dプリンターを置いたりして、アーティストや、新しいことを始めたい人のためのメーカーズショップをつくればいいと思うんです。そういったスペースをつくっていけば、DIYで団地の再生をする人間も出てくるのではないでしょうか。

藻谷　例えば高島平団地（東京都板橋区）にそういうスペースをつくればいいんですね。

御立　住民が高齢化している団地を再生したいのであれば、DIYセンターを置けば、リタイアした団塊の人やアーティストが来て、作業したりするようになると思うんです。そうすると勝手にコミュニティが広がるでしょう。市民農園的なスペースも1つのアイディアだと思います。

藻谷　ミックストユース（mixed use）ですよね。いろいろな機能を持ったものやスペースを設置することで、そこに人が集まり、集まった人たちの多様な能力を掘り起こすようなことが起こる。そういう仕組みを整えていく中から、都市における里山的なものの復興も進むのかもしれません。

御立　今こそ物理的にもものの見方、考え方を、まさにリビルド（rebuild）、組み立て直して、リファビッシュ（refurbish）、刷新していく必要がありますね。

取材・執筆にご協力いただいた皆さま　（敬称略・順不同）

第2章

山崎浩一（有限会社千鳥（Chidori GROUP）代表取締役）
江良正和（一般社団法人周防大島観光協会 事務局長）
大野圭司（株式会社ジブンノオト 代表取締役）
泉谷勝敏（いずたにFP事務所 経営者）
新村一成（株式会社オイシーフーズ 代表）
笠原隆史（株式会社 KASAHARA HONEY 代表取締役）
松嶋匡史（株式会社瀬戸内ジャムズガーデン 代表取締役）

第3章

野島拓也（株式会社瀬戸内ジャムズガーデン）
松嶋匡史（株式会社瀬戸内ジャムズガーデン 代表取締役）
畦地履正（株式会社四万十ドラマ 代表取締役）
佐別当隆志（株式会社アドレス 代表取締役、シェアリングエコノミー協会 常任理事）

森山奈美（株式会社御祓川 代表取締役）
森山明能（株式会社御祓川 ひと育て課シニアコーディネーター）
野口進一（株式会社北三陸ファクトリー 取締役COO）
阿部勝太（一般社団法人フィッシャーマン・ジャパン代表理事）
松本裕也（一般社団法人フィッシャーマン・ジャパン）
伊東将志（夢古道おわせ 支配人）
坪井俊輔（Sagri株式会社 代表取締役）
田邉泰之（Airbnb Japan 株式会社 代表取締役）
上田祐司（株式会社ガイアックス 代表執行役社長）
安部敏樹（株式会社Ridilover／一般社団法人リディラバ 代表）
永岡里菜（株式会社おてつたび 代表取締役CEO）
高橋博之（株式会社ポケットマルシェ 代表取締役CEO）
山本徹（株式会社フーディソン 代表取締役CEO）
下苧坪之典（株式会社ひろの屋 代表取締役）
大林克己（株式会社IMAGICA Lab. 代表取締役社長 社長執行役員）
多田洋祐（株式会社ビズリーチ 代表取締役社長）

岡晴信（株式会社竹中工務店 まちづくり戦略室兼経営企画室 企画部）
米良はるか（READYFOR 株式会社 代表者）
樋浦直樹（同右）
家入一真（株式会社 CAMPFIRE 代表取締役CEO）
中山亮太郎（株式会社マクアケ 代表者）
WWOOF Japan LLP
PwC コンサルティング合同会社
島根県雲南市
ヤマハ発動機株式会社

第4章

むつ市 経済部 観光戦略課
つくば市 政策イノベーション部 持続可能都市戦略室
尾道市 企画財政部 政策企画課
福山市 経済環境局 経済部 農林水産課

jt
Satoyama
推進コンソーシアム

Japan Times Satoyama 推進コンソーシアムについて

【活動指針】

1. 里山資本主義の実践者を支え、つなぎ、増やしていき、その活動を持続可能なものにしていくこと。

2. 里山資本主義が、マネー資本主義のオルタナティブな選択肢として機能するようにすること。

3. 里山資本主義への支援や関与が、企業や自治体等の国内外での価値を高める環境をつくること。

https://satoyama-satoumi.net/

【組織図】

代表

末松弥奈子
株式会社ジャパンタイムズ
代表取締役会長兼社長

事務局

事務局長　**吉田雄人**
前　横須賀市長
早稲田大学環境総合研究センター招聘研究員

アドバイザリーボード

藻谷浩介
株式会社日本総合研究所 主席研究員

井上恭介
株式会社 NHK エンタープライズ
エグゼクティブ・プロデューサー

御立尚資
ボストン コンサルティング グループ
シニア・アドバイザー

運営委員会

委員長　**松嶋匡史**
株式会社瀬戸内ジャムズガーデン
代表取締役
内閣府地域活性化伝道師

副委員長　**鈴木英敬**
三重県知事

副委員長　**太田正隆**
株式会社 JTB 総合研究所主席研究員
慶應義塾大学大学院 特任教授

部会
- 実践者
- 自治体／公共団体等
- 民間企業等

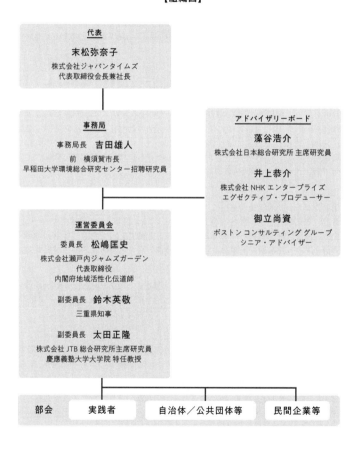

〈監修者〉

藻谷浩介（もたに こうすけ）

地域エコノミスト。1964年、山口県生まれ。東京大学法学部卒業、米コロンビア大学経営大学院修了。日本政策投資銀行参事役を経て、日本総合研究所主席研究員。国内外の地域特性を多面的に把握し、地域振興や人口問題に関して精力的に研究・執筆・講演を行っている。著書に『デフレの正体』（角川oneテーマ21）、『里山資本主義　日本経済は「安心の原理」で動く』（共著／角川oneテーマ21）、『観光立国の正体』（共著／新潮新書）、『世界まちかど地政学NEXT』（文藝春秋）など多数。Japan Times Satoyama推進コンソーシアムのアドバイザーを務める。

〈編者〉

Japan Times Satoyama推進コンソーシアム

地域で暮らす人々の手によって将来性のある地域社会をつくる「里山資本主義」を支援する目的で設立。実践者の活動や課題を英字新聞ジャパンタイムズの紙面・ウェブサイト、交流会などを通じて他の実践者に共有し、日本の「地方創生」を世界へ発信している。

［代表者］末松弥奈子（すえまつ みなこ）

広島県生まれ。学習院大学大学院修士課程修了。インターネット関連ビジネスで起業。2017年6月、ジャパンタイムズ代表取締役会長に就任。

〈執筆担当〉

第3章担当／NPO法人ETIC.（エティック）

新しい事業づくりを通して次世代社会を創り出すことに挑戦する起業家型リーダーを育成・輩出し、社会に新しい生き方・働き方のスタイルを提案するNPO法人。本書の執筆・編集は、伊藤いずみ・伊藤順平・瀬沼希望・光野達也・宮城治男・山内幸治が担当した。

第4章担当／吉田雄人（よしだ ゆうと）

Japan Times Satoyama推進コンソーシアム 事務局長。1975年生まれ。Glocal Government Relationz代表取締役。早稲田大学大学院政治学研究科修士課程修了。アクセンチュア、横須賀市議会議員を経て2009年から2017年まで横須賀市長を2期8年務める。

第5章担当／村岡麻衣子（むらおか まいこ）

1977年生まれ。英語通訳、ライター。大阪外国語大学卒業。大阪市中小企業支援センターなどを経て、現在はジャパンタイムズ外部記者のかたわら、英文ライターのネットワークを運営。

第6章（対談）／御立尚資（みたち たかし）

ボストンコンサルティンググループ（BCG）シニア・アドバイザー。京都大学文学部米文学科卒。米ハーバード大学経営学修士。日本航空株式会社を経て、1993年BCG入社。2005年から2015年まで日本代表、2006年から2013年までBCGグローバル経営会議メンバーを務める。BCGでの現職のほか、社外取締役を複数務める。ドナルド・マクドナルド・ハウス・チャリティーズ・ジャパン専務理事。経済同友会副代表幹事、同観光立国委員会委員長を歴任。Japan Times Satoyama推進コンソーシアムのアドバイザーを務める。

株式会社ジャパンタイムズは2017年、「Satoyama推進コンソーシアム」および「ESG推進コンソーシアム」を立ち上げ、持続可能な社会の実現のために活躍する企業や団体、個人の取り組みを国内外に発信してきました。そして、この2つのコンソーシアムは、それぞれ取り組み方は異なるものの、目指す方向と目標が同じであることから、2021年6月、双方のプロジェクトをいっそう充実させるべく統合され、現在は「Sustainable Japan Network」として運営されています。

進化する里山資本主義

2020年5月5日　初版発行
2023年4月20日　第4刷発行

監修者　藻谷浩介
編　者　Japan Times Satoyama推進コンソーシアム

発行者　伊藤秀樹
発行所　株式会社 ジャパンタイムズ出版
〒102-0082　東京都千代田区一番町2-2　一番町第二TGビル2F
電話　050-3646-9500（出版営業）
ウェブサイト　https://jtpublishing.co.jp
印刷所　日経印刷株式会社

本書の内容に関するお問い合わせは、上記ウェブサイトまたは郵便でお受けいたします。

定価はカバーに表示してあります。

万一、乱丁落丁のある場合は、送料当社負担でお取り替えいたします。

ジャパンタイムズ出版・出版営業部あてにお送りください。

Printed in Japan　ISBN978-4-7890-1763-3